一无所有，一无所惧

张幼仪传

林希美 ×著

中国出版集团　现代出版社

图书在版编目（CIP）数据

一无所有，一无所惧：张幼仪传 / 林希美著. --
北京：现代出版社，2017.11

ISBN 978-7-5143-5089-0

Ⅰ.①一… Ⅱ.①林… Ⅲ.①张幼仪（1900-1988）
- 传记 Ⅳ.①K828.5

中国版本图书馆CIP数据核字（2017）第273314号

著　　者	林希美
责任编辑	杨学庆
出版发行	现代出版社
地　　址	北京市安定门外安华里504号
邮政编码	100011
电　　话	010-64267325 64245264（传真）
网　　址	www.1980xd.com
电子邮箱	xiandai@cnpitc.com.cn
印　　刷	三河市金泰源印务有限公司
开　　本	880mm×1230mm 1/32
印　　张	7.5
字　　数	150千字
版次印次	2018年2月第1版　2018年2月第1次印刷
标准书号	ISBN 978-7-5143-5089-0
定　　价	39.80元

目　录

1

目录

序言　优雅·自信过一生

自尊是女人命运的脊梁，自信是女人最优雅的外衣。

可一个深陷命运绝境的女人，要如何才能赢回自尊和自信？一个被命运抛弃的女人，要怎样才能完成人生的逆袭？

在那个刚刚转身的历史中，一个名叫张幼仪的女子，用尽一生，给了我们一个完美的答案。

在漫长的前半生中，她只是作为诗人徐志摩的妻子，以一个配角的身份出现。那时的她，是一个封建时代下，相夫教子的家庭主妇；诗人眼中的"土包子"；诗人浪漫爱情中的绊脚石；华丽富足的家庭中一个低到尘埃里的卑微女子……

这样一个传统守旧的女人，遇见受新思想洗礼的浪漫男子，属于她的故事，必然充满了不被爱的卑微和凄凉。属于她的结局，必然是失去一切的绝望与痛楚。

一无所有，一无所惧：张幼仪传

其实，任何一个时代都少不了悲伤的宿命，却并不是所有人都能够在命运的夹缝里重生。可正是这些深入骨髓的伤痛与绝望，重塑了她的灵魂与自尊。

也许，对于张幼仪来说，失去一切的痛苦要好过被不幸的婚姻所囚困。因为在那些无助的时光里，她一点点地在苦难的磨砺中觉醒，她的人生有了无数种可能。

熬过了痛苦后的她终于华丽转身。她不再是他人生命中无所谓的配角，她开始微笑着书写自己的传奇。

她学会一口流利的德文，她成了东吴大学里优雅的教书先生，她成了银行行长，她创办企业，成了叱咤风云的商界女强人……

当她以自信的姿态平等地出现在徐志摩的眼前时，她看到了他眼里的惊诧，而此时的她已抛却了悲情的过往，满是从容。

这个历经人生沧桑起伏的女人，最终赢得时代的认可和尊重，隔着百年时光，仍向我们传递着优雅的智慧和温暖的能量。

第一章　新旧·世纪末端的崭新宿命

1.大家族里的小女子

荏苒岁月覆盖过往，白驹过隙，匆匆铸成一抹哀伤。年幼的我们，期待着未来，憧憬着长大；可当时间逝去，我们却又开始习惯回忆过去，渴望回到那段单纯而美好的年华。

时间，流逝着；岁月，沉淀着。一转身，便是一段光阴的故事。借着这旧时光的温度，我们揭开了一个女子的小时代。人海茫茫的岁月，悲欢离合的重叠，这个饱经风霜的女人，总在用自己的经历告诉世人不管活在世界哪一个角落，心有多么的破碎，对这个世界有多么的失望，人生总还是要多一些平和、旷达。闹哄哄的心情，只会把一切活得更糟，自在，生命自然安好。

这个女人，便是张幼仪。

提及张幼仪，人们大多先想到的都是那位著名的"前夫"——徐志摩。的确，在张幼仪88年的岁月里，似乎除了待字闺中时期，其他时候都顶着"徐志摩妻子"的头衔过活，即便两人在后来离婚了，一个"徐志摩前妻"的帽子，依然紧紧地压在她的头上。可是谁又曾想过要透过这个巨大的"罩子"，真切地看看这个总是在别人的传奇故事里扮演边缘角色的女子。又有谁知道这个从绝境中破茧而出的女人，她曾担任上海女子商业储蓄银行副总裁、云裳服装公司总经理，她站在失败的原点上重新活了一遍。她才是徐志摩一生真正高攀的女人。

1900年12月29日寅时，江苏宝山县的张家迎来了一个新生命。张家是当地的巨富，祖辈从张祖泽开始就是救死扶伤的医生，此时，在产房外焦急等待的张润之也继承了父辈的衣钵，成了镇上有名的医生。

按照惯例，用人要将新生儿的脐带埋在屋子外面。因为这是一个女孩子，今后一定要嫁人，所以她不是"家里人"。如果生的是男孩，人们则会把孩子的脐带收起来，藏到母亲床下的罐子里。

张家先后有了12个孩子，8男4女，不过张家却喜欢习惯性宣称，家里有8个孙子。就如同那不被"公之于众"的身份，在张幼仪所出生的年代，女人的地位是卑微的，是不作数的。这种观念由个人延伸到整个社会，也拉扯了张幼仪一生。

家人给女婴取了一个小名，叫幼仪。

旧时，大户家庭都会为子女取两个名字。作为镇上出名的医学世家，张润之为女儿取了幼仪为小名，大名则唤为张嘉玢。"幼"，是善良之意，"仪"则代表着正直与端庄。这也正是家人美好的愿望，希望她成为一个谦恭、端庄、秀外慧中的女人。这个名字是一种祝福，但也仿佛是一个无形的枷锁，预言了她命运的走势。

封建大家族多有重男轻女的思想，但张润之则尽量平衡自己对几个孩子的爱。有一次，张父出门旅行，归来时为张幼仪带回来一枚玢玉别针。这个别针在太阳底下微微泛着光芒，分外好看。张幼仪身为女子，又不是长女，但张父对她的爱并未因此而减少。

不过爱归爱，既然是书香门第家的闺女，做人的规矩与礼仪道德，那可是必学之项。而这些规矩，如名字一般成了她一生无法挣脱的牢笼，使其一生都在"循规蹈矩"地成长。张家不允许孩子在长辈面前肆意妄为，"孝道"更是经常挂在嘴边的一个词语。为了让孩子从小将"孝道"刻到骨子里，张家总是给孩子们灌输各和有关孝道的观念和故事。

其中有个故事讲的是，有一个孝子为了让父母能够睡个好觉，在夏天将自己的衣服脱光，让蚊子吸自己的血；在冬天时，他又会先钻进冰冷的被窝，等被子里有了温度之后再让父母上床睡觉。

还有一个故事是张幼仪最喜欢的。讲的是一位母亲生病了，她想喝笋汤。隆冬腊月，去哪里找竹笋呢，这可急坏了那位孝子。可他又不忍心拒绝母亲的要求，急得在自家竹园里打转，流下眼泪。此时，他的一片孝心感动了上天，那眼泪化成春雨，滴在土地上，竟敲碎了寒冬的冻土，紧接着从雪地里钻出来一根竹笋。

讲的是故事，听的却是道理。

对旧式女子而言，除了琴棋书画的学习，便是孝道的条条训诫最为重要。女子未出阁的时候，要以父母为天，当出嫁从夫后，对待丈夫、公婆要恭敬伺候，不遗余力。这些训诫深深刻在她的生命里，即便是在多年后世事变迁，她依然没有背弃。

无论是豆蔻年华，还是摽梅之年，张幼仪在长辈面前永远是一个恭敬的晚辈，她性格温顺，知书达理，行为谨慎，善于察言观色，是一个典型的大家闺秀。对于她来讲，这就是中华民族的传统美德。

张家是大户，张幼仪的祖父曾是清廷中的高官。在宝山，他们一家人住在离镇口心很近的四合院中。此处有两个大院，坐北朝南。一个院子做府邸，另一个用来居住。人们常议论说他们家的院子风水好，满是吉兆。

张幼仪有一个奶水充足的阿嬷，她一直到6岁才完全断奶。或许因为奶水喝得久，她在晚年很少得病。她自己笑称，是人奶有强身健体的功效。

随着张幼仪慢慢长大，她越来越了解和懂得自己的父亲，知道他除了是一位慈父，还是令人钦佩的名医。在当地，张润之很有影响，似乎没有他治不好的病。对于收受贵重钱财这件事，张润之也是坚决拒绝，所以深受爱戴。纯朴的百姓为了表达谢意，只好提着自家的甜酒、青菜、鸡鸭等礼物亲自登门，表示一点心意，坚决要这位医生收下。

父亲喜欢字画，张幼仪经常看到父亲对着字画端详，她很好奇这些挂在墙上的"白纸"究竟都是写什么。为了了解父亲的"秘密"，她经常拿着鸡毛掸子帮助父亲打扫卷轴上的灰尘。打扫完，父亲就会给她讲解画中的故事，还会告诉她如何欣赏画作，以及东方与西方画作的不同之处。

张幼仪渴望读书，求知欲极强。然而，她终究是个生在旧式家庭里的女人。就像家里人说她："她出生的时候，把妈妈身上的男子气概都拿走了。"多年以后，经历了那些荆棘崎岖后，她才恍然大悟。所谓的女子气概与男子气概，都是虚无。生而为人，不论什么性别，都可以自己主宰命运。

2.我们的最好时光

　　总有一些时光，要在过去后，才会发现它已深深刻在记忆中。多年后，在某个落叶飘尽的日子里，照片变得有些暗黄，看着以往的记忆，内心不禁又多了几分薄凉。那些人，早已在时光的河流中乘舟而去，消失了踪迹。当我们将那些被辜负被浪费后的时光，从记忆里取出，拍拍上面沉积的灰尘，蓦然发现原来它才是最好的时光。

　　张家的老祖宗原本一直经营盐业生意。后来张幼仪的曾祖父改行为医，一直延续到张幼仪父亲这一代。张幼仪的侄子张

第一章　新旧·世纪末端的崭新宿命

国魁说："我的爷爷是个很有名的医生，我在北平的时候，听好几个医生对我说，'你爷爷的医术非常棒！'"

张幼仪这位"颇有盛名"的父亲，脾气却不太好，暴躁爱挑剔，稍微有点不称心意的，就会引发他一声怒吼。所以，张幼仪在父亲面前，从来是小心谨慎的。按照家规的要求，张幼仪从不敢随便出现在父亲的面前，当然未经许可便从他面前离开，那更是"大罪"。

小孩子是不能在大人开口前说话的，当大人教育你时，要鞠躬并感谢大人的纠正。称呼大人时，不能说"你"，例如当想要询问父亲是否要喝茶时，张幼仪从不敢说"你要不要来杯茶？"，而是要说"爸爸要不要来杯茶？"

另外作为一名医生，张润之对饮食有着诸多挑剔。张家大院，除了张幼仪一家外，还住着祖母和两位伯父及他们的家眷，本来张家有一个共用的大厨房，可张父却为自家人单独准备了厨房和厨师。

张幼仪亲眼见过父亲在早上命令厨师和伙夫排成一行，听他们讲当天预计购买的食材。然后再皱着眉头思索，根据当天的食材决定一天的饭食。不仅如此，张父还会对食物的摆盘，舌头与食物接触后的感觉等进行分析与指点。这些细节，让小小的张幼仪很敬佩。母亲对父亲总是言听计从，无条件遵守父亲的"命令"，这种情绪直接影响到了她日后的婚姻观。她认为，自己的一生就应该被父母安排。就算自己嫁人了，这份主动权也不会在自己手中，而是在自己的男人手里。

整个家族中，最重视张幼仪的人，是她的二哥。在二哥眼中，她不是一个只应该相夫教子的女孩，而是一个应该拥有自己想法和感受的个体。张幼仪儿时对外面世界的了解，大多来自她的二哥。

二哥时常为她讲述外面的精彩，比如他会把中国比作院子里瓜藤上的一个瓜，拿起刀，把摘下来的瓜一劈两半，又将其中一半再为两半。他告诉张幼仪，这一小半瓜，是中国的省份和港口，但却成了外国人的。随后他又将瓜瓤挖出来，每挖一块，便解释这代表着一个被外国人侵占的地区。而他们所住的上海，早已经变成开放给英国的港口。外国人给中国人规定的法律，几乎让中国人牺牲了所有利益。

张家一共有八个儿子，除了二哥外，跟张幼仪关系最好的还有她的四哥。两个哥哥在她日后的生命中，都给过她无尽的关怀，不同的是二哥想让她自由，四哥则希望她回归传统。

如果张幼仪在生活中犯了错，或言行举止有什么不当

第一章 新旧·世纪末端的崭新宿命

之处，都是四哥提醒她的。她的丈夫徐志摩，那缠其一生的"劫"，也是由四哥挑选来的。张幼仪说："我生在变动的时候，所以我有两副面孔，一副听从旧言论，一副聆听新言论。我有一部分停留在东方，另一部分眺望西方。我具备女生的内在气质，也拥有男性的气概。"

张幼仪的童年，是被故事"喂"大的，以至于在很多年后，小时候的故事她依然记忆犹新。其中一个故事，影响了她的一生。

故事里讲，月亮上住着两个姐妹，她们的哥哥住在太阳上。每当到了夜晚，人们喜欢抬头赏月。古人赞美月亮的诗词数不胜数，让人们对月亮有了一种别样的情感。但是，人们的举动却让两姐妹非常不安，她们想和哥哥交换住的地方。哥哥知道她们的想法以后，笑着跟她们说，白天的人更多，到时候有更多的人会盯着你们看的。

两姐妹为了不让人们看，想了一个好办法。她们告诉哥哥，如果有人再盯着她们看，她们就用七十二根"绣花针"刺人们的眼睛。哥哥觉得可行，就跟她们交换了住处。后来，这些"绣花针"成了刺眼的阳光。

如果仅仅是这样一个简单的故事，还不足以影响张幼仪。

让张幼仪明白人生的，是这个故事的两种不同解读。

张幼仪的阿嬷一直告诉她，两姐妹是住在月亮里，阿嬷还常常指着月亮，让小小的张幼仪寻找那两姐妹的身影。

可母亲却有不一样的看法，她坚信两姐妹住在太阳里，甚至会让张幼仪想象，两姐妹住在太阳里的情形。

两个版本的故事，让张幼仪很是矛盾。后来，每次到了晚上，她都会凝望着天上皎洁的月亮，试图找到月亮里的两个姐妹。每次她"找到两姐妹身影"时，才能安然入睡，甚至做梦还会梦到她们。

而当白天的时候，如果感受到太阳的温度与炙热时，她又会相信两姐妹住在太阳中，正用"绣花针"扎自己呢。住在太阳里的两姐妹，个性羞怯、温柔美丽；住在太阳中的两姐妹个性刚强。这同一故事中的两个版本，不知不觉成了她个性的两面，一半恭顺，一半倔强。

阿嬷对张幼仪说，如果你乖巧，就会变得如月亮里的两姐妹一样美丽。她那时太小，不知道什么才叫美，但在她心目中，母亲是美的。

跟家里的伯母们一样，母亲有一双小巧的脚，那三寸金莲似乎只有手掌大小。人们告诉她，这样的脚才是美的。只是后来她才知道，这样的美需要付出怎样的代价。

与母亲和伯母不同的是，阿嬷有一双常人大脚，她能下地种田，走路不仅快还步子大。这让她想到了两姐妹的故事，同样是女人，却有着不同的脚，也有着不同的人生。就像徐志摩第一次见到张幼仪的照片时，嘴角往下一撇，用充满鄙夷的口吻说道："乡下土包子。"可谁知多年后，她上了大学，读了很多书，成就了不凡的事业呢？

闫红曾说："那个旧时代的女人，要想自立自强，是一定要吃些亏的。"之前，张幼仪也这样以为，恭顺、忍让即是所谓的"福"。相反，自立自强吃过一些"亏"后，反而成就了不凡人生。谁知道是住在太阳里好，还是住在月亮上好呢？

3.谁说出身好，就什么都好

生在普通人家的女孩，经常羡慕生在名门望族中的女孩。她们身边前前后后簇拥着好几位用人，衣来伸手，饭来张口，身穿各式各样的华美服装，能歌善舞。但她们不知道的是，这些看似活得潇洒自在的姑娘们，实则从一出生，就没有了"自己"，她们每个人的一言一行都关乎整个家族荣辱。普通人看贵族，只能看到光鲜亮丽的一面，她们不知道所有光鲜亮丽的背后，都曾熬过无数个不为人知的黑暗。只有活在门第中的人，才知道各人有各人的苦。

在张家，有两台红顶轿子。这两顶轿子，是家族荣耀的象征，是张幼仪的祖父被任命为知县时获得的赏赐。这两顶轿子中的一顶，只有祖父在入宫时才会使用。祖父去世后，这两顶轿子成了张家珍藏之物，如果没有重要的事，轿子不会轻易使用。

张幼仪小时候，也经常坐轿子，不过是普通的轿子。她坐着轿子四处去逛，看外面的世界，活得逍遥自在。竹竿随着轿夫的步伐一上一下颠来颠去，对于小孩子来说，没有什么比这个更好玩的了。

轿子坐得多了，张幼仪渐渐知道了轿子的用途，也慢慢知道能乘坐轿子的人都是些非富即贵的人。在那时，只有有钱人才能坐轿子，抬轿子的人数，也是与乘轿者的身份成正比的。比如，她的父亲出诊，会需要三个轿夫。因为父亲赶着去救命。如果某个轿夫抬累了，中间可以有人换位置。在清朝的时候，四品以下的官员，无论走到哪里，也不过是乘坐两人抬的官轿。可见，张家在当地有着怎样的身份与地位。

不过，也正因为张家显赫的身份和旧时代的思想，让张幼仪吃了一点"苦头"，这个"苦头"就是裹脚。

旧时代的女人，要拥有一双"三寸金莲"的脚。在当时男人的眼中，脚的大小关乎男人的脸面。哪个女人要是有一双大脚，那可是嫁不出去的。

张幼仪在小时候，见过母亲那双小脚。每天早上，母亲都会用一个长长的布条将脚裹好。张幼仪出生在晚清时代，那时裹脚，已经从之前的不足三寸大，变成了四五寸。而有的人家心疼自己的女儿，干脆放弃了裹脚，张幼仪的阿嬷就是大脚的女人。不过，身为名门之女的张幼仪却难逃裹脚的厄运。在母亲看来，大户人家的女子不裹脚，是要遭人耻笑的。

在腊月二十三小年的早上，阿嬷给张幼仪端来一碗甜甜的汤圆。吃完汤圆，阿嬷给张幼仪端来一盆洗脚水。还没等张幼仪反应过来，湿布已经缠到了她的脚上。年仅三岁的张幼仪哪里承受得了这种苦，她疼得差点晕过去。她哭闹喊叫，依然没有让母亲和阿嬷放过她。阿嬷说："哭什么哭，每个小丫头都要缠脚的嘛！"

为了减轻张幼仪裹脚的痛苦，父亲、母亲、哥哥、阿嬷用各种方法让她转移注意力。有时带她去看厨师做饭，有时给她买好玩的玩具，还有时会用言语安慰她，但这些并没有让她的痛苦减少丝毫。后来家人说，张家是县城里的大户人家，如果在缠足时不顺从，整个县城的人都会知道的。如果将来要找的婆家，婆婆问缠足的表现时，表现得乖，就能很骄傲。如果不乖，可能会嫁不出去，到时就会变成张家的耻辱，灶王爷会在天上说她的坏话。

这看似是为了孩子好的一种安慰，实则却也是一种威胁。张幼仪叫喊了三天后，二哥终于受不了了，他不忍心再看到妹妹受这样的罪，就恳求母亲不要再给妹妹裹脚。母亲怕她嫁不出去，左思又想还是不肯。于是，二哥向母亲保证，如果妹妹嫁不出去，他愿意照顾她一辈子。

天下又有哪个父母愿意让自己的儿女受苦？不知是二哥男子汉的责任与担当打动了母亲，还是母亲实在心疼女儿，不想再让她受苦，最终张幼仪解放了。

尽管只缠了三天脚，不过后来张幼仪说："对于我丈夫来说，我两只脚可以说是缠过的，因为他认为我思想守旧，又没有读过什么书。"受"新思潮"的影响，徐志摩认为"不裹足"并不能等同于"新女性"。更何况这块裹脚布曾经沾过张幼仪的脚，那就等于"沾过"封建陈旧的思想了。可是，年仅三岁的张幼仪，又哪旦做得了自己的主？

好不容易逃过一难的张幼仪，在她十二岁那年，她的人生进入了另一个轨道中。张幼仪十二岁时，已经有了十一个弟兄姐妹。第十二个孩子的出生，差点要了母亲的命。

母亲在生产时昏了过去，在场一些人判断母女二人的性命可能保不住了。父亲为了让母亲醒过来，让两个儿子撒尿，并把"尿盆"端到母亲身边。一股刺鼻的尿味，唤醒了沉睡中的母亲。不过，她很快又再次昏厥。

第十二个孩子是张幼仪的四妹，名字叫张嘉蕊。她的出生，让母亲元气大伤。母亲的性命是保住了，但从此多年，她的身体虚弱不堪。所以带四妹的重任，就落到了张幼仪身上。

当时，张幼仪自己还是个需要人照顾的孩子，却要担当起"保姆"的职责。她经常把妹妹带在身边，陪她玩耍。有一次，她不小心将妹妹掉落到地上，被父亲碰巧看到，他焦急地一手抱起地上的妹妹，另一只手狠狠地打在了张幼仪的脸上。父亲打她，并不是因为她将妹妹摔倒在地，而是觉得女儿东跑西颠，不够端庄稳重。张家是大户，他决不允许自己的女儿像个乡野丫头。

大户，门第，望族……在外人看上，这些都是荣耀的象征。对于张幼仪来讲，这更像一把徒有其表的金锁，锁住了向往自由和尊严的心。

这一巴掌让张幼仪泪流不止。她愣在原地，既害怕又懊悔，她站在院子里一直哭，哭到夜色降临。身体虚弱的母亲走到张幼仪身边，擦了擦她眼角的泪，无奈地对她说："要像天上那对姐妹一般的自由是很难的。"对于母亲的话，张幼仪似懂非懂。不过，后来发生的一件事，却让她懂得了什么叫门第带来的不"自由"。

张幼仪的祖父去世后，祖母成了一家之主。祖母的身份并不是"正室"，而是继室。在张家大宅里，除了张幼仪一家外，还有两位伯父及他们的家眷。两个伯父并非祖母亲生儿子，而是正房太太的儿子。祖母辈分虽高，但总归是继室，凡事还需要与张幼仪的大伯一同商量。

张幼仪的父亲是祖母的亲生儿子，因此祖母倒是更偏爱张幼仪一家。不过在传家宝的继承上（两顶轿子），最终还是落到了老大，也就是张幼仪的大伯身上。之后，大伯又把传家宝给了他的长子。由嫡子继承，这样的分配没什么问题。然而，这两顶轿子却给张幼仪一家带来了灾难。

1907年春节，对于还是孩子的张幼仪来讲是开心的，因为每次过年，她都能穿新衣裳，还有甜甜的糖果吃。那个年代的人们，相信天上的神仙会在过年期间监视人间一切，如果女孩子做女红时被针扎手，则代表着不吉利。因此过年时，张幼仪不用辛苦地做女红，她获得了短暂的自由。

春节的气氛，进入腊月就开始了。腊八那天，家家要喝一碗腊八粥。为了来年吉利，张家每一个人都尽量不让自己受伤，也不打破家中物品。可偏偏在腊八那天，张幼仪的大哥张嘉保手里的碗掉到了地上。碗代表着有饭吃。摔坏了碗预示着"大灾难"。当时家里人虽然嘴上没说什么，但全家人的心情却像摔坏的碗，有了很大的缝隙。

第二天，摔坏的碗找补碗匠补好了，他们以为这样就能弥补摔坏碗的晦气。可谁也没有想到，两个伯伯的家人都在嘲笑张嘉保。

张嘉保接受的是国学教育，最终成了一位商人。他开了一个棉籽油工厂，往年生意经营得一直很不错。可偏偏他摔坏碗这年，工厂里出了问题。几名手艺精湛的技工被挖走，年底一时又找不到合适的工人，工厂陷入绝境。

工厂的事本就让张嘉保忧心，大伯家堂哥的嘲笑变得更为刺耳。原本张嘉保与大堂哥的关系就经常带着火药味，现在更是愈演愈烈。

都说祸不单行，前脚工厂出了问题，后脚张家大院就发生了失窃案——大堂嫂的嫁妆不见了。大堂嫂的嫁妆张幼仪曾见过一次，有玉石、珍珠、祖母绿的宝石。那些珠宝光彩夺目，可以说价值非凡。

邻居说看到一个黑影从屋顶上逃跑了。用人点起家里所有的灯笼，池塘对面的邻居也燃亮所有灯笼帮忙找贼，但结果却不尽如人意，前前后后翻了一整夜，依然没有找到盗珠宝的贼。因为失窃的财物无法找到，大堂嫂便开始怀疑是张嘉保偷的。"贼"的帽子，扣到了张嘉保的头上。

张幼仪一家原本没太理会，渐渐张嘉保的工厂顺利渡过难关，这不得不让大堂嫂更加怀疑是他偷了珠宝去帮助工厂。从最初的暗暗猜忌，变成口头上的讽刺，张家终于忍不住了。

那天，张嘉保经过大堂门前，大堂嫂的母亲冲他说："哦，那个'贼'来了。"鉴于张父从小的教育，要懂礼貌，懂孝道。长辈的话虽然难听，可他依然默不作声，忍了下来。

这话正巧被张母听到，她无法忍受自己的儿子遭人诬陷，当即把这话告诉了张父。

对于张父来说，名节可是比性命还要重要，他是门第之人，怎能让人如此侮辱？为了家庭荣辱，为了名节，为了清白，新年刚过，张父就带着一家人搬离了张家大院。后来张幼仪说："离开张家代表着我们变穷了。"离开大宅，意味着离开了张家门第的庇佑、他们成了普通人。离开时，为表清白他们一家没拿张家一分钱，日后的苦日子可想得知。

十年后，张幼仪的祖母无意中听到厨师跟别人夸自己的儿子，才知道原来是厨师的儿子偷了珠宝。他拿到珠宝后，确实跳上了张家屋顶，不过他觉得不安全，于是想到了张家的轿子。轿子是家族荣耀的象征，无论发生多大的事，那两顶轿子可是宝贝之物，谁敢去动呢？当时张家搜遍各种角落，偏偏忘了那顶轿子。

真相大白，还了张嘉保清白。张家人不能受辱的"荣耀"，张父做到了。可这却是以十年艰苦的生活为代价换来的。

国学大师南怀瑾先生，谈到自己做人的原则时说，佛为心，道为骨，儒为表……对于张幼仪来说，传统是她的骨，三从四德是她的心，新时代的思想则是她的表。她骨子里有父亲的影子，有母亲的影子，有门第的枷锁与牢笼。晚年，张幼仪跟张邦梅说："在中国，女人是一文不值的。她出生以后，得听父亲的话；结婚以后，得服从丈夫；守寡以后，又得顺着儿子。你瞧，女人就是这么不值钱。这是我要给你上的第一课，这样你才能真正了解一切。"

4.女子更应该努力读书

张幼仪的一生包含了太多不同的经历，经历了太多不同的感受，感受了太多不同的事态，遭遇了太多的意外与变故，但也正是这些经历、感受、事态、意外和变故，才让她悟透了生命的真谛。一声叹息，一次成长；一段凄凉，一次心灵丰盈。

张幼仪一家搬离张家大宅后，在南翔的一处小院住下来。于大人而言，这代表着今后的日子将是另一番天地。不过，对于孩子来讲，快乐总是很简单。张幼仪很快从"轿子"事件的

第一章 新旧·世纪末端的崭新宿命

阴霾中走出来，将注意力全部放到了新环境中。

张幼仪的新家后院有一个池塘，池塘里有一个船形木屋。夏天的时候，他们可以住到木屋里去。推开窗户，窗外有朵朵莲花，莲花下面有自由自在的小鱼。在张家大宅，虽说富贵，但一切都要守规矩，是拘束的。在这儿，虽说破旧，但一切都是自由的。

搬到新家没过两天，有个穿着粗布棉袍的用人就疯狂地敲张家大门，原来那个用人是附近一个合院的，他主人忽然病倒了，但因为是年节期间，店铺的医生都不出诊了，听说张父是医生就想着能不能请他到他家给主人看病。张父二话没说拿起外衣和医药包，就跟着那人出门了。没出几个钟头，张父就回到家里了，他一脸兴奋地将家里的妻子孩子统统喊了出来，得意扬扬地从口袋掏出四块银圆。全家人都高兴极了，原本还在为如何过年发愁，现下终于有了点缓和。张父让人去街上买了横幅，又留了两圆在家里准备迎新年。就这样四块银圆开启了张家窘迫的南翔生活。

张父行医多年，看病极少收病人诊金。如今为了生活，他不得不放下尊严，向病人收取合理费用。好在，南翔与老家宝山不远，以前常在张父这里看病的病人也追随而来。他们听

23

说了张家失窃的事情，也都是十分同情，便都尽着一份力量帮忙。在张家最落魄的几年里，他们没有新衣穿，全家只有两套华丽的衣裤，最初是由张幼仪和她六哥穿的，后来张幼仪和六哥长大以后，这套衣服便给了弟弟妹妹。过年的时候，拜见长辈是躲不过去的，因此要穿得十分庄重，这套唯一算得上体面的衣服就派上了大用场。张母规定这两件衣服谁穿着合身，便带谁去拜访长辈。衣服穿不起，孩子们的学费也成了问题。远在日本的二哥和四哥，为了节省开支，把一条毛巾剪成两半用。如果学校要求买书，两人便只买一本。

生活虽然开始艰难起来，可张父却从未苛刻了孩子的教育。在当时的社会，不少人认为孔孟之道代表着迂腐，可在张父看来，这是孩子们必须要接受的思想启蒙教育。等孩子长大以后，再将孩子送出国门，学习国外的先进思想和技术。

二哥和四哥一直在国外学习。留在身边的子女，张父拿出一部分收入，给孩子们聘请了教书先生。"万般皆下品，唯有读书高"，读书享受教育，是社会地位的象征。张幼仪一家虽然搬离张家大宅，但骨子里的贵族思想，张父从来没有改变过。他始终认为，唯有教育能改变子女的命运。

在当时那个男权至上的风气下，女人在家庭中是不算户口的。因此张父虽然重视教育，却只是男孩子的事。张幼仪后来回忆说，父母亲不会花钱让女儿念书，之后即便张父让她和大姐一同上学，也是因为张父觉得学校养育两个女儿，在成本上比自己养更经济实惠。张幼仪的父母曾经说过这样的话："女孩子家读不读书无所谓……女孩子家活着就是为了结婚的，你得留在家里时刻准备着接受命运的安排。"

每天吃过早饭，张幼仪的哥哥弟弟们开始上课。张幼仪和姐妹们则一起帮母亲干活，她们一边忙手里的事，一边听教书先生上课。幸运的时候，如果厨房不需要帮忙，教书先生也不用忙着男生的功课时，女孩们就能坐在另一张桌子前等着先生过来指点一二。在教书先生的指导下，张幼仪开始阅读跟抄写《孝经》和《小学》这类书，而男孩子们则学习的是《论语》和《中庸》等。

旁听，让张幼仪接触到了男孩子学的知识。她努力学习，却仍是有好多字不认识，也不会写得一手好书法。她幻想过，如果自己也能像男子般有学问，可以写得一手好文章，那该是多么美好的事。

戊戌维新时期思想启蒙运动，第一次解放了妇女。人权、自由生存的权利和接受教育的权利，让张幼仪渴望读书的想法越来越强烈。

1912年，张幼仪十二岁，她在看报纸的时候，上海《申报》刊登了苏州第二女子师范学校的广告，求学心切的她把这件事告诉了父亲，希望父亲能答应自己去读书。

张父的态度是：女孩子读不读书无所谓，相夫教子才是女人的正途。她不甘心，告诉张父说，学费很便宜，不仅可以学习知识，还能节省家里的开支，更何况她大姐找人算过命，二十五岁以前不能嫁人，这总要找点活做。与其在家做活，何不去读书呢？

见女儿如此心切，张父不忍拒绝，于是同意了。这个消息让张幼仪雀跃不已，那时的她，一心想要学习知识，渴望成为一名小学教师，教书育人。无奈，张幼仪在学校读了三年书，就被迫离开了学校。因为她的四哥，为她做媒扯起了一段姻缘，对方正是她未成谋面的徐志摩。

当时的张幼仪对这门婚事并没有任何意见，毕竟对方是四哥和家人选定的，加上她从小受的教育，反抗与质疑不符合父母对她从小的教导。但是她心中唯一希望的是，不要因此而中断学业。但是等她订婚以后，她再去女子师范学校，老师的态度已经发生了极大的改变。在那个年代，女孩一旦结了婚，哪里还能在学业上有成就，终究不过是男人的附属品罢了。

结婚以后，徐志摩曾对张幼仪说："现在中国正在经历一场巨大的变革，未来中国的妇女将会迎来人权的解放。人生来享受自由、平等和生存等方面的权利，不可侵犯。未来的妇女将会跟男人一样，享受政治、经济和教育的平等。"

张幼仪和徐志摩之间话很少，大多时间她都是帮助公公理财，跟着婆婆坐在院子里做女红。在徐志摩看来，她既呆板又无趣，是个"落后"的典型。不过，想要读书的种子既然已经埋下，她就从来没想过放弃，她总是相信读书会给她带来翻天覆地的改变，例如能让她摆脱旧式封建的束缚，例如她觉得读了书就一定能让丈夫徐志摩对她刮目相看。

于是渴望自由、平等的张幼仪，给苏州女子师范学校递交了求学信，希望能完成中断的学业，但学校要求她重新再读一年。当时她读了三年，明明再读一年就可以毕业，现在却要再读两年。这对于一个需要料理家务，照顾公婆，养育孩子的妇女来讲，有些不现实。于是张幼仪放弃了这个机会，但这件事一直让她耿耿于怀，在她看来，正是这一次的错过，让她没能"像丈夫所爱的女人那样，读一流学校"。

不过，张幼仪没有因此而放弃学习的机会。她请家庭教师为自己上课，教授的内容为英语、地理、中文和历史等。那时，她之所以渴望学习，已经由最初想做中学老师，变为想与丈夫减少陌生感。她渴望与他平等交流，学问可以与他持平。但徐志摩新婚后不久便坚定地说："我要做中国第一个离婚的男人。"

后来，他如愿以偿，挣脱了封建礼教的挣扎和逃离。但无论张幼仪怎么努力，都改变不了她是时代牺牲品的事实。

张幼仪的侄孙女在她的口述自传《小脚与西服》中反问：若是张幼仪不是个女性，她论出身、论才智也许并不比徐志摩的成就要小，但是她是位巾帼，她生在了一个女性必须沉默的年代。接受和隐忍是她唯一的选择，接受自己的出身，但是更接受自己的婚姻，这是宿命。

什么是宿命？什么是人生？什么样的人生算得上完美？是一生平稳安定、波澜不惊、顺风顺水，或是风雨兼程、跌宕起伏、惊涛骇浪？平稳的人生有它的安然，起伏的人生有它的精彩，或许，交替而至的人生才是最完美的，不会因为缺失任何一样而遗憾。

或许，张幼仪的逆境相比起其他人似乎多了一些，但也正是因为遇到的这些逆境，才让张幼仪对生活有了更深刻的领悟。因为求学不成，才让她更加珍惜日后学习的机会。

在徐志摩眼中，张幼仪是僵硬乏味的，但在梁实秋眼中，却是"极有风度"的女人。她从"乡下土包子"，蜕变为"风度翩翩的新女性"，从某种程度上讲，正是读书改变了她的命运。如果说，她生命中有过什么抗争，这大概是唯一的一次吧。

而且，她做对了。

第二章　冷暖·喜忧参半的人生真相

1.偶然遇见另一种人生

"人生若只如初见，何事秋风悲画扇"，在每个情窦初开的女生心里，都有那么一句最美的诗词，它在心头编织出心上人的剪影。倘若一切如初见那么美，人生又何来"何事秋风悲画扇"的悲情故事呢?

一句流传千古的诗句，却道出了张幼仪婚姻的命运。她也曾用"秋天的扇子"来形容自己，这场爱终是宿命的缘，从无到有，又从有到无，虽注定灰飞烟灭，但好在初见之时，她也曾如一个普通少女般心动过。

张幼仪九岁时，大姐已经十四岁了。那时，二哥和四哥刚从日本留学归来，带着国外的知识与思想。他们的眼光，长辈是信任的。四哥建议，希望能为家中还未成亲的女孩子定门亲事。

于是，定亲这件事先是落到了张幼仪大姐的身上。旧时代的人，在打算给儿女定亲前，都会找算命婆看命相。算命婆根据母亲提供的八字，给大姐的进行一番推算，得到的结论是，大姐不能在二十五岁之前出嫁，否则会克死丈夫。

大女儿不能出嫁，定亲这件事自然就落到了身为二姐的张幼仪身上。年仅九岁的孩子，还不知出嫁为何物，更不知道这代表着她的人生将重新书写。她只是知道，出嫁代表着失去自由，要从被人照顾的"千金小姐"，变成照顾公婆的媳妇。

好在她年纪不大，很快便将定亲这事忘了，把所有的心力都放到了读书上。她渴望学习，还为自己争取了上苏州第二女子师范学校的机会。

在长达千年的封建社会下，女子始终处于被统治的"附属"阶级，一句"女子无才便是德"便阻了几千年女子获取知识的权利。

如果放到清末以前，这样传统的思想，没有哪个女子觉得不对。可随着共和国体的建立，男女平等、妇女解放、自由恋爱等思想响起，但凡不甘心趋于命运的女子，都要为自己争取读书的机会。张幼仪受二哥和四哥的影响，很早就知道读书的重要性。为此，她苦苦哀求父亲去女子第二师范学校读书。

第二女子师范学校毕业时，可以领到小学教师资格证书。

第二章 冷暖·喜忧参半的人生真相

对于渴望当老师的张幼仪来说，这真是一个天大的机会。

为了说服父亲，她用低廉的学费作为诱惑，让父亲"上当"。在学校里，一年不过五个银圆的学费，还包括了书本费、食宿费和往返苏州的火车票。那时张家情况还没好转，有个能"便宜替自己养女儿"，又能学习的地方，可真是一件好事。最终，张幼仪踏上了开往苏州的列车。

张幼仪对第二女子师范学校的第一印象是，这里实在太美了。在学校里，她和大姐同住一个寝室。除了两姐妹外，还有另外四个女孩，她们跟大姐一样，都被缠过脚。

学校里的女孩们分为两派，缠过脚的和没被缠过脚的。在新旧观念交替的年代，老师的思想很开放。他认为，这些缠过脚的女孩没什么出息，她们接受太多"三从四德"的思想，将来免不了嫁人，最终一无所成。

裹脚，裹的不仅仅是脚，还有思想。

张幼仪有一双大脚，在老师看来，这是"孺子可教也"。

上课的时候，学生难免被叫起来背课文，或者回答问题。如果是缠过足的女生答错了或者背错了，老师会跟她们说"没关系"，如果没被缠过足的女孩子答错了，老师就会用戒尺严厉地跟她们说："怎么会不知道答案？"

一无所有，一无所惧：张幼仪传

　　在生活上，张幼仪没有挑剔过。学校里一日三餐要和十几个同学一起吃，饭菜虽然有四五道菜，可总不如家里做的可口。大姐没心思读书，她常常抱怨学校里的饭菜不好吃，时不时就写信让张母寄些吃的东西。闲暇时候，她也就是帮助同学缝缝补补，洗洗涮涮做些女红。张幼仪没太多时间理会大姐的抱怨。好不容易争来的读书机会，她并不想错过。对于她而言，只有不断充实自己的大脑，才能让她快乐。

　　走出家门以后，张幼仪看到了另一番天地。原来，女孩子不一定要相夫教子，一个又一个地生孩子，她们还可以读书、工作、教学，活得丰富多彩。这里的女孩子，有不少是非常自我的，她们既新式又可爱。

　　不过，对于从小接受传统教育的张幼仪来说，还是不敢过于张扬。在她刚开眼界，接受新鲜事物没多久，很快就放假回家了。这一次回家，改变了她以后的命运，因为她订婚了。

　　1913年，十三岁的张幼仪从学校放假回家，徐家的"小银盒"也送上了门。

　　原来，张幼仪的四哥张嘉璈从日本留学回来后，做了浙江都督秘书。他在工作检查时，来到了徐志摩就读的中学，看到了一篇名为《论小说与社会关系》的文章，作者是徐志摩。这篇文章之所以给他留下极为深刻的印象。

　　梁启超在当时的地位非常出众，许多学生都慕名想要模仿他的风格进行写作，却多是只得其皮毛，不得其精髓。但这篇文章无论从文笔还是风格，都颇有梁启超的风范，虽然明知是模仿，却又没有丝毫刻意的痕迹。张嘉璈也十分喜爱梁启超，曾翻阅过上百份模仿梁启超文风的文章，能够模仿得如此惟妙惟肖的，仅此一篇。

　　最难得的，除了文章外，徐志摩的字体也超然非凡，每一个字既有风骨又有力道，光看到这个字，就已经足够让张嘉璈心动了。学过书法的人都知道，见字便能如见人，一个人在写书法时的心境如何，直接决定他的字呈现出什么样的感觉。徐志摩的字体，学的是张猛龙碑帖，但有自己的风格。这一笔一画落到纸上，又像汲了鲁迅的字，沉稳中不失张力，这是许多人都难以企及的水平。那时，他便开始注意这个叫徐志摩的人。当他打听到徐志摩是当地有名的大户的独生子，这便已经足够了——门当户对。他立即给徐家写了一封信，提出与徐家结亲的愿望。

　　徐家是世代经商，在江南一代是有名的富商，徐申如还同时担任着当地商会的会长。但在徐父徐申如心中一直有个遗憾，那就是家中不曾有人取得过功名，一连几代都是如此，到了徐志摩这代，更是唯一男丁。他想着，这张家是书香门第，张嘉璈又是留学归来的人才，张家与徐家结为亲家，既是门当户对了，也能提升徐家的地位。于是很快，徐父给张嘉璈回了信，信的内容是：我徐申如有幸以张嘉璈之妹为儿媳。

"回忆像个说书的人，用充满乡音的口吻，跳过水坑、绕过小村，等相遇的缘分"，无奈，这次"说书人"说的却是一场悲剧。有些东西从开始后便注定了没有结果，错误的缘分不会因为你的努力就成为良缘，可惜这些都是在风平浪静后才有的刻骨体悟。

2.如果没有遇见你

从第二女子师范学校放假回家的张幼仪，被张父叫到客厅，他交给她一个银质的相片盒。张幼仪打开相片盒，看到一个年轻男子。他的头有些大，下巴有点尖，戴着一副眼镜，看起来像是一个斯文的书生。张父问她对照片上的人有没有什么看法。四哥也在一旁附和着说："照片上的人，白白净净，文质彬彬的。"张幼仪已经十三岁，自然懂得话中的意思。她温顺地跟父亲说："我没有意见。"她从小接受的教育便是"父母之命，媒妁之言"，更何况这是四哥为她选的夫婿，她没有理由拒绝。从一出生，她就开始等待上天给她安排的男子，如今他来了。

张幼仪并不讨厌照片上的男子。看他斯斯文文的样子，想必也是一个读书人，不会是一个乡野莽夫，更不会是奸诈小人。跟有人品又有才华的男子成亲，自然没什么不好。

照片上的男子是徐志摩，时年十六岁，大张幼仪三岁。

徐志摩从小就在家跟着老师孙荫轩学习古文，是一个地道的读书人。随着知识的增长，徐志摩在文学方面的天赋越发显露。不过，受新思潮的影响，他开始对"之乎者也"越发没兴趣。

后来，他从古书中逃出来，大量阅读小说。任何题材的小说他都看，他有着惊人的记忆力，凡是他看过的小说，几乎都能完整地背诵下来。因为他的博学，同学称他为"两脚书橱"。自此也可以看出，张幼仪的"三从四德"与徐志摩的

"新思潮"是背道而驰的，这为日后他们无法融合的婚姻做了一个悲伤的注脚。

母亲见张幼仪没有意见，就按照传统规矩为两位新人"合八字"。旧时只有八字合得来，最终才能成结为夫妻。张家请来的算命婆看了两个人的八字后，神情充满无限担忧。半晌之后，算命婆才缓缓地说，徐家是个好人家，可两个人的属相并不相配。原来，徐志摩生于1897年，属猴；张幼仪生于1900年，属鼠。一个命带玩乐，有点狡猾，一个勤劳富足，胆小吝啬，从属相上来看，两个人命中犯克。

好亲事，人人都不想错过，张母也不例外。她为了能挽回这门好亲事，就问算命婆有没有什么补救之法。算命婆掐指半天，然后跟张母说："命是死的，人是活的。想要结下这门亲事，改一下女方的生辰八字即可。如果将女方改成1898年，属狗，那简直是一等婚。"张母听后大喜，欢快地说："就这么定了，幼仪从此属狗。"

张母将张幼仪的"新八字"给了徐家，徐家合完八字无比欣喜，立即送来了一对象征着坚贞不渝的"鸳鸯"。张家接受了聘礼，这亲事算是正式落定了。张幼仪对定亲的男子谈不上多喜欢，但绝对不讨厌。可对于另一个主角徐志摩来讲，却是

第二章　冷暖·喜忧参半的人生真相

另一番心境。

当徐申如将张幼仪的照片拿给徐志摩的时候，徐志摩鄙夷地说了一句："真是个乡下土包子。"那时，他接受了自由民主新思潮，对于婚姻这件事他渴望的是自由恋爱，和自己心仪的女孩结成连理，而不是服从什么父母之命、媒妁之言。

张幼仪对于徐志摩来讲，是一个皮肤不够白，穿着打扮极土，够不上名媛淑女的乡下女人。虽然她上过一年学堂，可在徐志摩看来，仍是一个没有文化的"土包子"。如果非要再追究，这个女子还缠过足。徐志摩一开始就不同意这门亲事，祖母劝他说，张幼仪是个知书达理的姑娘，以她家的实力，娶她会给徐家带来帮助。徐申如也劝他顾全大局。长辈们的轮番"轰炸"，终于让徐志摩"缴械投降"，答应了婚事。

张家见徐家没意见，便希望将女儿赶紧嫁出去。而徐家则希望徐志摩中学毕业以后再结婚。徐申如把儿子的学业看得比什么都重。当徐志摩中学毕业时，还未到约定的结婚日期。徐志摩又提出考北京大学的预科。徐申如觉得，读书与结婚并不冲突，欣然同意了。

在旧时代，婚姻对于男子来讲，不过是家中多了一个照顾父母的女人。可对于一个女子来讲，结婚代表着牺牲，代表着命运向另一个方向驶进。订了婚的张幼仪不得不中止学业。无论她怎么挣扎，张家都希望她能安心待嫁。他们认为，女孩子到了这个时候，已成定局，嫁人才是最重要的。

名门望族的身份只赠予了张幼仪攀一个"人人歆羡"的高枝的聚会，却从未带给她关于自由与幸福的荫蔽。即使她插上梦想的翅膀，那也是脆弱的、无力的，终究是要落到凡间，成为一个待嫁的女人。

订婚后，母亲希望她中断学业，等待嫁人。可张幼仪渴望回到学校。为了结婚，她跟父母做出了让步。

父母答应了张幼仪继续学习，原因却是让她陪着大姐把学读完，毕竟大姐二十五岁以后才能结婚，还有年头可等，他们只是需要找点东西让她做，他们并不关心张幼仪是否能学到知识，也不在乎她是否能顺利毕业。不过对于张幼仪，只要能再次回到学校，就是一件开心的事。那时，她的内心对读书的目的已经发生了微妙的变化。之前是为了自己而读，如今她知道自己未来的丈夫是个博学多才的男子，多读书，将来才能与他有所交流。

只是让她没想到的是，老师对她的态度发生了巨大的改变。之前，张幼仪在课堂上若是答错问题，老师会生气，因为她们是"开放"的女子。可订婚以后，即使她答错了问题，老师也不再管她。

这是女子学校，老师早就看透了世事。在那个年代，有些女子读书是为了"镀金"，都是为了将来嫁人时，为证明自己读过书而读书。老师们以为，张幼仪就是这样的女孩子，她早晚要嫁人，回到宅门深处。这让张幼仪很受伤，原来订婚与不订婚的女子差别如此之大。她不是没有想过，如果当年四哥没有遇见徐志摩，如果当年没有那场相亲，她的命运又会变得怎样？

可惜，人生从没有如果，只有结果，汉霄苍茫，徒留一声声叹息掠过岁月之河。

张幼仪在学校得不到老师的重视，但她并没因此而放弃学业。她知道自己读书的日子不多了，她必须争分夺秒地学习。她与徐志摩之间，还隔着一条长长的鸿沟，只有书本才能让她跨越过去。

徐家会为了徐志摩的中学毕业，而将婚礼推迟举行，张家却不会管张幼仪还有一年半就毕业的现实。在距婚期还有两个月时，张幼仪不得不中止了学业。离开学校的那天，张幼仪心情极为沉重。大脑里那零散的知识，最终也没有改变她的命运。在她的一生中，父亲、母亲、徐志摩……任何一个人都能书写她的命运，唯独她自己不能。

张幼仪看着全家人为自己忙碌，姐妹们帮她准备嫁衣，哥哥们帮他准备嫁妆，六哥甚至被派到了欧洲去采办嫁妆。说到张幼仪的嫁妆，在当时绝对轰动一时。张家那时已恢复往日荣耀，为了彰显张家的实力，张幼仪的嫁妆都是由六哥亲自去欧洲采购回来的。清一色的西洋高档家具，由西方人量身定做，这些家具，就像是从西洋杂志上搬下来的一样。另外，刺绣品、瓷器、餐具等，一样不少。别看物件小，可极为贵重，全部用高档的红丝绸绑着。张幼仪的嫁妆多到连火车都装不下，最后是用船运到徐家的。这些西洋货，高档物品，别说普通百姓，有些即便是见过世面的张父也不曾见过。

当兄弟姐妹为张幼仪忙得晕头转向时，母亲则整天抓着张幼仪教导她如何做个好儿媳。这一场婚礼，张幼仪仿佛是个局外人，她的内心除了焦灼便是担忧，丝毫没有待嫁的憧憬和喜悦，她甚至还没有家里的一个用人兴致高。其实也难怪，在当时的盲婚哑嫁的风气下，张幼仪除了看过一张照片，知道徐志摩写过一篇好文章，便对徐志摩及其身后的徐家一无所知。直到后来六哥从硖石先送一批嫁妆回来后，张幼仪才略略了解了一点徐家。知道了自己的公公是个成功的商人，而自己的丈夫则是"才气纵横，前途无量"。从六哥的口中，张幼仪以为自己的丈夫是像自家哥哥一样，是个既先进又不失传统的稳重男子，她开始畅想着自己的丈夫能海外学成归来，然后在政府谋个一官半职，光耀门楣。

如果没有遇见徐志摩，遇见的是另一位内心安分的良人，张幼仪可能过着相夫教子的生活。毕竟，就像那仰慕神佛，只有七分是依靠，剩下的三分全靠幻想。即使丈夫不那么爱她，只要没抛弃她，她就依然能隐忍着度过一生。因为她这一生经营的始终不是爱，而是脑子里根深蒂固的思想。多年后，她接受新式教育，成为上海云裳服装公司总经理，后来又任上海女子商业储蓄银行董事一职……但是，骨子里的"三从四德"却从未改变。

风华是一指流沙，苍老是一段年华，你若芬芳，蝴蝶自来，多年后的张幼仪仍是感谢徐志摩。她无言，是因为身处的社会容不得她的叛逆；她成功，却是因为她骨子里那真正的贵族气质。她跟侄孙女张邦梅说："我要感谢徐志摩，我要感谢离婚，若不是离婚，我可能永远都没有办法找到我自己，在那样一个时代，也没有办法成长。他使我得以解脱，成为另外一个女人。"

3.轿子外的热闹与冷漠

"桃之夭夭，灼灼其华。之子于归，宜其室家。桃之夭夭，有蕡其实。之子于归，宜其家室。桃之夭夭，其叶蓁蓁。之子于归，宜其家人。"出嫁，一个多么动人心扉的词语；宜室宜家，一句多么诚心的祝愿。如果说，女子出嫁前是未经雕琢的璞玉，那婚后的女子便是一块晶莹剔透的美玉。

女儿出嫁，本应从家中跟着迎亲的队伍一起出发。可因为张家和徐家都是大户人家，两家结亲在当地引起不小的反响。不少人为了一睹"豪门"风采，摸一摸没见过的欧式家具，搞得乌烟瘴气，整个场面不是你推我拽，就是吵吵嚷嚷。考虑到张幼仪的人身安全，张家和徐家决定让她提前悄悄地过去。

临走前，母亲千叮咛万嘱咐。她跟张幼仪说："第一，在婆家只能说'是'，不能说'不'。第二，无论夫妻关系如何，都得以同样的方式对待公婆。"

张幼仪带着简单的行装，和已婚的堂姐踏上了开往硖石的列车。一路上她将头扭向窗外，不与人说话，她心事重重，不知道前方等待她的到底是怎样的命运。

第二章 冷暖·喜忧参半的人生真相

张幼仪来到硖石本是悄无声息的，目的就是为了不引起注意。可谁也没有想到，当地居民早早就来到火车站，试图一睹名门之女的风采。

看到火车站门口有那么多看自己的人，张幼仪一时慌了神，拉着堂姐飞快地藏到了一顶轿子里。这个轿子是一顶普通的绿色轿子，不像原配夫人那样的红轿子。可当地居民早就知道了她的身份，一路跟着轿子走到了她提前安排好的住处。人们边追着轿子走，边说："原来就是她呀！"当地居民一直追她到出租的房子里，才纷纷散去。

结婚前，女方不可以住到婆家。于是，徐家给张幼仪租了一间房子。她住在这间房子里无聊至极，出门总被指指点点，待在房子里又了无生趣。张幼仪在打发时间之余，对自己未来的丈夫产生了好奇心，于是产生了一探究竟的念头。她虽然见过徐志摩的照片，可谁知道他是不是一个瘸子呢？或者少个胳膊也说不定呀！张幼仪将想法和堂姐说了："我想去看看他。如果他要是缺眼睛或缺腿的话，我就从这里逃走，死也不嫁。"

其实按照当地风俗，举行婚礼前，张幼仪家要请徐家吃饭。那天出席宴会的，除了徐家的家人，还有徐志摩。

席间，张幼仪不能露面，但她却想用这个机会见一见徐志摩。在堂姐的安排下，张幼仪偷偷躲在房间门口。等徐志摩进来时，张幼仪看到了她未来的丈夫。他和照片上一模一样，尖尖的下巴，清瘦的身材，看上去有点弱不禁风。张幼仪松了一口气，她突然觉得自己胡思乱想是多余的。

1915年12月5日（农历十月二十九日），张幼仪和徐志摩在硖石举行了盛大的婚礼。那天早上，张幼仪刚刚吃过早饭，堂姐就开始帮她化新娘妆。等她换新娘礼服时，才知道自己的礼服并不是传统的大红礼服，也不是西方女子的洁白婚纱。而是一件粉红的婚礼服，里面有无数层丝裙，外面一层粉色的薄纱上锈了几条金龙。

一切准备完毕，最后由母亲亲手为张幼仪戴上了沉重的凤冠。完成这一步，母亲再把红头巾盖到她的头上，她上了新娘子花轿。顿时，鞭炮声四起，乐队开始了奏乐，张幼仪眼前一片红彤彤，只能用耳朵判断外面的一切。

她知道，最前面有四个人，两个人举着张家的旗，另外两个举着徐家的旗，后面就是她所坐的轿子。她身边有哥哥陪伴，后面就是张家女眷的轿子了，最后则是撑着红伞的乐队。再后面，就是徐家的迎亲队伍……

第二章　冷暖·喜忧参半的人生真相

她想象着外面的热闹，乐队为她而奏，旗子为她而举，万千亲朋好友为她而聚。她的心情是激动的，但她坐在轿子里，外面那热闹的情形好像又与她无关。总之一切，显得那么不真实。

徐家礼堂里聚集了无数嘉宾，欢呼声此起彼伏。张幼仪头戴凤冠，被人搀扶着走出轿子，踏进了礼堂。透过喜帕，张幼仪隐约看到一个人影，他清了清嗓子，她判断这个人可能是徐志摩。拜天地，拜高堂，向七大姑八大姨及客人行礼。该行的礼数，全部行完后，终于到了揭喜帕的时刻。

就在张幼仪幻想着该用什么样的表情见徐志摩时，喜帕突然揭开了。她从"黑暗"走向"光明"，明明应该迎接他的目光向他微微一笑，可她却因为紧张只敢注视徐志摩的下巴。接着，张幼仪看到徐志摩的下巴露出玩世不恭的微笑。他仔细打量她一番，轻轻吐出几个字："乡下土包子。"然后转身离去。

如果说婆媳关系的不融洽能用"常理"来理解，姑嫂关系的淡漠能用"无碍"来宽慰，那来自丈夫的轻视又该如何释然？

张幼仪面对的就是丈夫毫无保留、直击心灵的蔑视。她的心瞬间跌入黑暗，这冰冷的话语、决绝的转身，就像两把穿心的利剑，击碎了她的自信和对未来的期望。她愣愣地望着他远去的背影，一句话也说不出来。委屈的泪水在眼睛里打转，但不敢流出来，只能咬牙咽下。许久，她才回过神来，纵然有万般不甘与无奈，她都清楚地记得母亲说过的话，作为徐家的媳妇，必须要学会隐忍，这一忍就忍了大半辈子，甚至到了晚年她依旧没有逃过心里的这道枷锁。

热闹的婚礼，热闹的洞房。等闹洞房的散去后，张幼仪看到用人们帮她铺床铺，铺完又在上面放了一块洁白的丝帛。那个时代的女子，母亲不会给女儿讲女子该如何度过新婚之夜。直到后来她才知道，丝帛是用来证明她是处女之身的。

用人帮她卸妆，脱去了华丽的新娘服装。自始至终，张幼仪都不敢看徐志摩一眼。她想，或许应该跟他聊些什么，可她又渴望他先开口。这一等，张幼仪再也没机会等到他开口。因为，徐志摩走了。那一夜，徐志摩在奶奶屋子里睡了一夜。

在揭开喜帕那一刻，她就知道丈夫对自己极为不满。新婚之夜，她很想跟丈夫说："我非常高兴能成为你的妻子，我一定会尽我所能照顾公婆，做个贤妻良母。"然而，她再也没了机会。初相见时，便错过了说话的机会，她与他也就保持了一辈子沉默。就像她的新婚之夜，她的一生都是漫长的等待，等待丈夫的到来，等待元明，等待一个又一个明天。

多年后，徐志摩爱上了别人，他托黄子美跟张幼仪说："你愿不愿意做徐家的媳妇，而不做徐志摩的太太？"多么残酷冷漠的话，比"乡下土包子"还令人绝望。然而，那个时代男女不能平等。女人只能等丈夫回家，等他雨露恩泽。她跟徐志摩说："你在向一个没有自由的人要自由。对不起！我给不起！你要的自由，我无能为力。"

晚年，张幼仪回忆这段婚姻时说："错误的时间，遇到错误的人。"遇到徐志摩，有对的时间吗？怕是此生无论何时与他相遇，都注定成为两条平行的线，永远不会相交。徐志摩把自己活成了诗，而张幼仪则是踏踏实实、接地气的女人。她坚信做好女人的本分，他也就会发现她的好，能等到回心转意、刮目相看的一天。可他的那份冷漠早已深入骨髓，她即使给他再多的温暖与温柔，都注定只会融化自己，变得越来越卑微。

后人皆叹张幼仪下嫁了，但在当时人人都说张家是高攀了。攀了个青年才俊、攀了个名门世家，甚至连张家自己都觉得如此，于是婚礼那十里红妆，既是向世人彰显自己的富硕，也是为了给自己打气，都说女子的嫁妆越多在夫家就能获得越高的地位和重视，如此看来张家的嫁妆到底是给得"少"了，而且少了个最重要的东西，那就是给张幼仪一个坚定无比的"靠山"。

4.思念，只是一个人的事

黄阅在《折子戏》曾感叹："如果人人都是一出折子戏，把最璀璨的部分留在别人生命里，如果人间失去脂粉的艳丽，还会不会有动情的演绎……"张幼仪把最璀璨的年华留在了徐志摩的生命里，而徐志摩不过为张幼仪演了一出"折子戏"。如今，婚礼已过，这"戏"也就谢了幕。当一切回归平静，本应该感受到最真实的生活。然而，这生活却又如梦一般。

按照旧时的规矩，每天的"晨昏定省"是每个出嫁女的必修课。儿媳妇要早早地收拾好一切，等着公婆起床洗漱完毕后，向他们道早安。大婚那天，她磕了无数个头，膝盖、身体早已疲惫不堪。她只是稍微休息一下，就带着全身的疲惫起床了。因为这是母亲教她的规矩，这个规矩她一直保持了多年。

结婚后，徐申如提议让徐志摩管理徐家的工厂、作坊，但他对这些毫无兴趣，就像对张幼仪一样，一点也提不起精神。他眼睛里唯一看到的东西，就是书。从一开始，徐志摩就不与张幼仪亲近，也从不给自己一个了解她的机会。不过，他偶尔还是会跟她说起在杭州一中和北平大学读预科时的事。

徐志摩提到读书的日子，眼里充满幸福和愉快。但因为他是已婚男子，读书的愿望始终与徐申如的愿望相悖。张幼仪不解地问他："既然那么好，为什么你现在不再去读书呢？"徐志摩一时被问得说不出话来。张幼仪也听说了要他接管徐家生意的事，而他是拒绝的。张幼仪想了想，温柔地说："你不用着急，我来替你想办法。"虽然张幼仪在徐志摩眼中是个"乡下土包子"，可张幼仪的家庭背景到底摆在了那里，她想到了自己的二哥张君劢。如果由张君劢出面为徐志摩求情，大概徐申如就不会反对了吧。

在张幼仪和二哥的帮助下，徐申如终于同意徐志摩去读书了。张君劢给徐志摩选择的学校是上海的浸信会学校。浸信会是基督教新教宗派之一，是由美国人在上海办的教会学校。这个学校在上海，离硖石比较近，坐火车一个小时就能抵达老家。这样的话，徐志摩就可以在周末时回家。

徐志摩不愿与张幼仪亲近，不过在大人和用人的簇拥下，他最终还是败给了"传宗接代"。可片刻的欢愉后，徐志摩对张幼仪并没有多少改变，依然冰冷着一张脸。张幼仪并不理解徐志摩的冷漠来自哪里，她只知道自己已经极尽所能配合他，还对他体贴入微，关怀备至。他读书到深夜，她就陪他到深夜，还不忘为他泡茶添衣。张幼仪出身富贵家庭，但从来没耍过大小姐脾气。除此之外，她更是亲手操持家务，孝顺公婆。无论从哪个方面来看，他都没有讨厌她的道理。

新婚后，经过短暂的相处，徐志摩就要外出求学了。说实话，没有哪个女人不渴求丈夫在自己身边。但她希望通过自己的力量帮助他，能让他对她有一点点好感。举案齐眉已经不敢奢求，至少她希望自己在徐志摩心里是一个通情达理的妻子。

可徐志摩是一只鹰，只要飞走就不肯再回到家中。他在学校里只读了不到一年的时间，就选择了离开。然后去了天津北洋大学，后来又去了北京大学。于是，张幼仪和徐志摩就像是背对背向前走的人，一个越行越快、越走越远，另一个却迷茫不自知。最初相见两人便对对方有着误解，到了这时，误解只是越积越深，再也没了修正的机会。两人间的差距由最初的三尺之隔，扩张到咫尺天涯。

在徐志摩渴望回到学校的同时，张幼仪也十分希望能够继续中断的学业。于是，她给学校写信，校方给她的答复是离校太久，想要继续学业必须重读一年。那时，女子出嫁后要全心孝顺公婆，服侍丈夫。现在丈夫不在身边，如果告诉公婆自己要去苏州读书两年，那绝对不是一个传统意义上的合格儿媳。如此一来，张幼仪只能放弃学习的机会。

徐志摩不在的日子里，张幼仪每个月都会回一次娘家。毕竟，在陌生的家里，到底没有在自己的家里自在。可徐家在硖石是富贵人家。全镇的人都盯着徐家的一举一动。而徐家的儿媳妇，更是人们茶余饭后唠家常的对象。为了不给婆家惹是生非，张幼仪尽量大门不出，二门不迈。在家里，也极其注意自己的言行举止，生怕落下什么话柄。可即便张幼仪再怎么谨言慎行，她还是成了人们嘲笑的对象，人们偷偷笑话她"脚大，脾气大"。

"捕风捉影"这个成语，好像是专门为镇子上的人们设立的。张幼仪的回娘家，原本是徐家允许的，也是怕张幼仪在婆家太寂寞。可落到镇子上的人们的嘴里，就变成了婆媳不和。徐申如在外面听到风言风语，就把这话告诉了张幼仪，希望她不要再经常回娘家，以防给徐家带来不好的名声。

婚姻禁锢住了她读书的渴望，现在又进一步禁锢住了她的双脚。那时，张幼仪每天的日子都是无聊的、寂寞的。她唯一的盼望，就是收到徐志摩的来信。

她嫁作人妇，这个男人在她心里到底有着极重的地位。可让她失望的是，徐志摩每一次写信只讲述自己学校中的精彩生活，并向父母大人们问好。至于张幼仪，哪怕只言片语都没提到过。

张幼仪到底是嫁给了一个男人，还是嫁给了"虚空"。如果嫁给了一个男人，那他在哪里？如果嫁给了虚空，那她现在又在哪里？

《红尘来去梦一场》的歌词中写道：红尘来呀来，去呀去，都是一场梦。红尘来呀来，去呀去也空。日落向西来月向东，真情难填埋无情洞。红尘来呀来，去呀去也空，空中楼阁青云中，谁不追逐寻梦，浮名一朝转眼无踪。留不住又何必苦苦争锋……

是啊，真情难填埋无情洞，张幼仪多少真情的付出，都无法挽回徐志摩的心。所以，留不住的，又何必苦苦强求呢？只是，那时的张幼仪不懂。在包办的婚姻中，胡适与江冬秀在日后的婚姻中培养出了爱情，可是普天之下又有几对夫妻能做到如此呢？

就在这虚空越来越让人绝望时，一个意外再一次让她感觉到了希望——张幼仪怀孕了。这个消息，可谓是让公婆笑得合不拢嘴。从古至今，富贵人家往往子嗣方面薄弱。比如，徐家虽然富贵，可却只有徐志摩一个儿子。如果张幼仪能为徐家开枝散叶，那真是没有功劳也有苦劳。

哪个父亲不爱自己的孩子呢？如果她再生个儿子，说不定也能让徐志摩对她笑一笑。那时，张幼仪对肚子里的宝宝有了私心，她特别渴望生一个儿子。对于她来讲，只有儿子才能改变徐志摩对她的看法。

徐家单传，生意做得非常大，可徐志摩却不想做生意。如果她生下一个儿子，就能继承徐家家业，这样也能保住自己的地位。怀孕的消息传到徐志摩的耳朵里，并没有如张幼仪所想的那样，给他们的感情带来任何转机。那时，徐志摩北上求学，他在给家里写信的时候，也理应提到孩子的事，然而并没有。

思念，只是张幼仪一个人的事。天底下，竟真有父亲不爱自己的儿子。那时，张幼仪才明白这场婚姻到底让徐志摩多厌恶。

可徐志摩是怎样对待他人的呢？梁实秋这样评价徐志摩：

一无所有，一无所惧：张幼仪传

"我数十年来奔走四方，遇见的人也不算少，但是还没有一个人比徐志摩更讨人喜欢。讨人喜欢不是一件容易的事儿，须要出之自然，不是勉强造作出来的，必其人本身充实，有丰富的情感，有活泼的头脑，有敏锐的机智，有广泛的兴趣，有洋溢的生气，然后才能容光焕发，脚步轻盈，然后才能引起别人的一团高兴。"

可在张幼仪看来，他只有一张冷漠与厌恶的脸。大概这才是真实的人生吧。索达吉堪布说："苦才是人生。人生本来就是活也苦，死也苦，有钱没钱都痛苦。但很多人就不明白这一点，遇到一点违缘就怨天尤人。'老天太不公平了，为什么我这么倒霉，所有的不幸全落到了我的头上？'却不知轮回的本性即是如此。"

此时，张幼仪的心再一次跌入了万丈深渊。因为没有可以依偎的胸膛，所以所有的坚强少女好像都成不了那个魅力十足的"小鸟"，她们明白只有付出才有收获，但她们更清晰地认识到这个社会有些时候从来不看你的付出，只因为你是女子。她认命地品尝着苦，品尝着绝望，等待着浴火重生，等待日后长出翅膀。她的人生是一场马拉松，一切才刚刚开始，所有的苦都是为了最终跑到终点，以胜利者的姿态扬起胜利者的旗帜。

第三章　表里·华盖之下的卑微关系

1.隐藏自己，嫁给宿命

时间从不会亏欠任何人，看开了，谁的头顶都有一汪蓝天；看淡了，谁的心中都有一片花海。其实世间本没有命运这回事，人们面对不可控的遭遇，生造出了这个概念，虚妄了人生，困住了脚步。

张幼仪的母亲第一次给张幼仪合八字，就选择了去人为改变命运。将张幼仪的三辰由1897年，改为1898年，以此来攀上徐家这门亲事。可合不来，就是合不来。这种"手动"的改变，并不带有理解和勇气，依旧使得女儿只能成为旧式婚姻的牺牲品。

第二次占卜发生在张幼仪怀孕那段时间里。按照当时的风俗，张幼仪怀孕后，母亲可以来婆家住几天，悉心照顾怀孕的女儿。母亲心疼女儿，想知道张幼仪生产时是否顺利。她将自己带来的一大捆婴儿衣服交给张幼仪，让她把手中这捆衣服在床上抖开。如果这捆衣服全部散开，则说明生产时不会承受太多痛苦。如果这捆衣服扔到床上时完好无损，则证明生产时会痛苦很久。

然而，让母亲失望的是，那捆衣服并没有散开，这说明她生产时会遇到难产的情况。张幼仪觉得母亲杞人忧天，她并不相信这些占卜的事。可是，母亲并不死心，她又叫用人端来一大碗米饭，示意张幼仪将筷子扎下去。

白饭下面放了一颗肉丸和一只水煮蛋，分别代表着生男或生女。张幼仪听命地往下扎，结果扎到一颗肉丸。母亲失望地说，"你生子的愿望估计要破灭了"。

这种扎肉蛋的把戏，荒谬到没什么可说的，毫无依据可言。可即使是这样，在张幼仪心里，隐约还是有些担心。说到底，她并不希望自己生的是女儿。

晚年，张幼仪接受侄孙女张邦梅采访时，感慨地说："我不是个有魅力的女人，我做人严肃，因为我是苦过来的。"在未怀孕之前，她求学失败，回娘家也成了"奢望"。无聊的时候就跟婆婆一起做女红。丈夫在外求学，公公整日忙生意，留在家中的就只有她和婆婆两个人。张幼仪每天在家里做鞋，这个动作一重复就是几个月。对于婆婆等其他长辈的鞋子，张幼仪从来都是一针一线缝得极其精致华丽，但对于自己的鞋子，她反倒不上心。因为鞋子对她而言，已经失去了大作用，她是出不了屋子的，这样的生活又需要什么漂亮鞋子，耐穿就行。

佛家修行讲戒、定、慧，张幼仪仿佛成了地地道道的"修行人"。这种平静淡而无味的生活，让她的心中不曾有过欢乐喜悦，更不曾有过哀伤痛苦。她如同一台麻木的机器，没有思想，没有未来，没有当下，只有手中的针和线。一针一线，穿过来，穿过去，时光冻结，人已入"定"。

胡兰成在与张爱玲成婚时曾经写下：愿岁月静好，现世安稳。张幼仪的生活，如果抛开徐志摩的话，也算是另一种孤单的"岁月静好，现世安稳"吧。

徐志摩久久不归，她几乎连他的样子都忘记了。初离开时，她还满怀热情，心里带着些许温度。如今，她的心早在孤独寂寞中，逐渐凝结成霜。如果说白天还能做做鞋子打发时间，那一个又一个漫长的黑夜她又该如何熬过？

徐家素来有名望，徐申如也是一个名副其实的"花花公子"。每天到了晚上，徐申如都要出去会"女友"，一直到很晚才回家。在徐申如回家前，张幼仪从没睡过觉，她要给公公开门，等公公回来以后才能睡去。

一无所有，一无所惧：张幼仪传

偌大的房间，只有她一个人。那时，她早已不渴望婚姻的浪漫，只希望能安稳地度过这漫长的一生。不知不觉，一个新的生命已来到，让张幼仪沉寂的心，又燃起了希望。

对于母亲那一套，张幼仪本是不信的，可她没有想到生产那天，真的疼得死去活来。产婆认为她会难产致死，而且生的肯定是个女孩。当张幼仪疼晕过去时，产婆没有奋力叫醒她。因为在当时，难产"死人"是经常发生的，而且生女孩的女人，也没什么太大"价值"。

当她疲惫地睁开双眼，看向这个模糊的世界，仿佛过去了很久很久。她感到虚弱，甚至才知道她的愿望实现了。她气力还没有恢复，甚至无法起身。床边已经聚集了一大群人，多是来祝福她的。当她看到那个幼小的婴儿后，好像从"黑暗"中，忽然看到了"光明"。这世界上，终于还是有一个人可以陪伴她了。徐父徐母更是激动万分，本来不大抱有希望的一胎，没想到却给了他们这么大一个惊喜。他们送了一堆红鸡蛋出去，要让人一同来沾沾喜气。

张幼仪生下儿子，徐志摩当然是极高兴的，但这并不代表着什么，或许这种高兴，更多是来自完成了父母的心愿，不再背负传宗接代的任务。当这个孩子降生，他便可以去国外读书，寻找那种自己向往许久的生活。

她与他的距离，即将越来越远。他即将去往更高的天空翱翔，而她，只能更低更卑微。未来的某一天当他提出了分手，她或许会痛不欲生，会想尽办法挽留，可他已经死心了，不，应该是他的心从来就没有在她的身上，无论你多么地温暖，多么地炙热，也无法融化他的心，不管你多爱一点，抑或是少爱一点。

多年后，张幼仪看到徐志摩的一位"女朋友"有一双小脚时，回想自己这段婚姻，也觉得不服气。她说："假如徐志摩打算接受这种女人的话，他为什么不鼓励我上学？为什么不让我学英文？为什么不帮忙让我变得和普通大脚女人一样新潮？为什么徐志摩想和这个女人在一起的程度，超过想和我在一起的程度？我并没有一双小脚，年轻的时候也读过书，我学的东西可以和这个女人一样多啊！"

在徐志摩看来，他不能娶一个和他没有爱情的女人，这是不道德的。他不爱张幼仪，与学识无关。

可是张幼仪爱徐志摩吗？孙辈也问过她这个问题，她说："你晓得，我没有办法回答这个问题。我对这个问题很迷惑，因为每个人都告诉我，我为徐志摩做了这么多事，我一定是爱他的。可是，我没有办法说什么叫爱，我这辈子从没跟什么人说过'我爱你'。如果照顾徐志摩和他家人叫作爱的话，那我大概是爱他的吧。在他一生当中，遇到的几个女人里面，说不定我是最爱他。"

是的，她也许是爱他的，否则也不会在徐志摩坠机而亡后，每个月寄钱给陆小曼，帮助徐家打理产业，并为徐志摩的父母送终。只是，她把所有的爱都隐藏起来了，如同她的不甘与希望，也都隐藏在这段婚姻中。又或许，她是不爱他的，毕竟一个带给她一生悲惨的男人，不如早早地丢弃在云烟中。

爱也好，不爱也好，作为旁观者的我们，没有权利去评判一段感情的真挚与否。但是身为当事人的张幼仪却根本不知道爱为何物，没有人教过她如何去爱，如何去以一个爱人的身份去爱人。无论是家族的教养，还是母亲婚前的叮嘱，都只教了她如何当一个好妻子，"爱"对于一个一出生便没有自主的人，是最奢侈的东西，她想要，却不敢要。

2.懂得多了，悲伤就少了

很多时候，我们喜欢的，物也好，人也罢，要么错过，要么有主了；喜欢我们的，总觉得缺少一种感觉。被人理解终是幸运的，一个人越是重视自己的内心，越容易发现自己对外部世界认识的浅显，于是便总抱着追求真性情的态度，急切地寻找爱情、寻找激情、寻找梦想。

作为接受新思想的进步青年，徐志摩更是渴望走出国门，去参与到更广阔的世界中去。在徐申如看来，好男儿志于学，就算没有闯出另一番天地，也算是增长了见识，回来还可以更好地继承徐家的产业。于是，在他的建议下，徐志摩选择了克拉克大学，报的是银行学和社会学。

儿子出生时，徐志摩在北平读书。于是起名字这种头等大事就落到了张幼仪的头上。张幼仪虽然读书不多，但从小就受父亲熏陶，知道取名需要有美好的盼望。她左思右想，为儿子取名为"徐积锴"。"积"是徐家族谱的规定用字，而"锴"则指好铁，代表着坚强，不屈不挠的精神。

孩子的出生给张幼仪带来了极大的欢乐，于是她给孩子起小名叫"阿欢"，寓意永远留住欢乐。但张幼仪很快发现，原来连亲生的儿子，也不一定是"自己"的。徐家好不容易有了一个孙子，自然宝贝得不得了。那时孩子特别不容易养活，张幼仪没有养孩子的经验。所以，带孩子这种大事，就落到了有经验的用人身上。

张幼仪想与孩子亲近，公婆有时会说不卫生；张幼仪抱一抱孩子，公婆会指责她抱孩子姿势不对；就连孩子睡觉时，张幼仪在一旁观看公婆都不放心，要求必须有专门的保姆陪伴。那时的张幼仪除了认同，没有任何想法，她觉得委屈，却又不清楚自己委屈在哪里。后来的张幼仪懂了，当初自己一门心思的"隐忍"换来的是自己一次次的沦陷，先是失去了学习的机会，后来是失去了出门的自由，现在连儿子的抚育权利，自己都失去了。但那时的张幼仪是不懂的，她只期望这样的生活能稍微变动一下就好了。

直到徐志摩来信要求张幼仪陪读，她的心才再次唤起了希望。几年来，徐志摩写过很多封信，唯独这封信里提到她，并愿意把她接到伦敦。张幼仪不由自主地欢喜起来。

张幼仪的二哥曾几次试图说服徐申如让她出国，结果徐申如都没答应。现在，之所以做这样的决定，一是怕徐志摩在

"感情"上出什么问题；二是他那时哥伦比亚大学经济学博士学位马上就要到手，可在这个时候他竟然放弃了，先改为政治学，又从政治学改为哲学，甚至跑到了英国去。

徐志摩在信中写道：儿自离纽约以来，过两月矣！除与家中通电一次外，未尝得一纸消息。儿不见大人亲笔恐有年矣，儿海外留学，只影孤身，孺慕之私，不佯罄述，大人爱儿岂不思有以慰儿邪……如此信到家时，犹未有解决，望大人更以儿意小助奚若。儿切盼其来，非徒儿媳计也……

这下，徐家不得不将张幼仪送出国了。

张幼仪出国以前，她几乎不用怎么照顾儿子，也有大把的空闲时间。于是，她向公公请求为自己找一个家庭教师。她的理由是：多学习知识，这样才能教育好儿子。同时，因为家中的几个同辈女孩都有读书的想法，徐申如也就答应了。

在帮助料理家务照顾公婆之余，张幼仪学习诗文、琴棋书画、针黹女红。不过，她很快发现，自己并不擅长诗文书画，反而在经营管理方面有天赋。于是，她也试图学有所用，帮助徐申如打点生意。

此时的张幼仪迫不及待地想要告别曾经那个"乡下土包子"，成为一个有知识有文化的女人了。为了彰显自己的新潮，她还专门为自己购置了新衣。她坚信这一次自己的出现，一定能让徐志摩对她另眼相看。

五年的婚姻，真正在一起的日子不过几个月而已。他们之间，既熟悉又陌生。1920年冬，张幼仪踏上去往英国的旅程。这一次团聚，将会相处很久很久。日子那么长，谁说不能让他爱上她？张幼仪坚信，他总能发现她的好，直到大洋彼岸的徐志摩再一次将她的信心击得粉碎。

张幼仪晚年回忆这段往事时说："三个星期后，轮船终于驶进马赛港的船码头。我斜倚着尾甲板，等着上岸，然后看到徐志摩站在东张西望的人群里。就在这时候，我的心凉了一大截。他穿着一件瘦长的黑色毛大衣，脖子上围着条白丝巾。虽然我从没有看过他穿西装的样子，可是我晓得那是他。他的态度我一眼就看得出来，不会搞错，因为他是那堆接船的人中唯一露出不想到那儿的表情的人。"

凭空幻想出的美好，终究是美丽的泡沫，经不住徐志摩那双冷漠的眼睛。喜悦的心情被他的冷漠深深刺痛。她一个没站稳，差点跌倒。徐志摩对她不闻不问，甚至不肯伸手搀扶一下，把她当成空气一样不存在。他的目光只在她身上轻轻掠过，就回到了喧嚣的人群中。张幼仪在船上颠簸了三个星期，

第三章　表里·华盖之下的卑微关系

他没问一句她是否劳累。

在去往巴黎的火车上，他们除了谈一谈父母的事，几乎没再说任何话。

他带她去巴黎百货商场，为她挑选外国的时尚衣服。洋裙、丝袜、皮鞋和帽子一样不少。她在中国细心准备的服装，到底还是不入他的眼，依然"土气"。她猛然发现，即使她觉得自己读了书，有了进步，可他也在进步，此时他的品位早变成了"国外"的。也或许，他与她注定是最熟悉的陌生人，她就是读一辈子书，也走不进他的心里。

张幼仪被拉到照相馆。她坐在镜头前不知所措，不知道该摆出怎样的姿势。徐志摩不耐烦地说："他让你看镜头。""咔嚓"一声，画面定格。张幼仪还不明白怎么回事时，那张戴着硬式礼帽的照片已经拍好。接着他们又拍了合影。徐志摩让她露出笑脸，因为这张照片是要寄回老家的。等快门按下，徐志摩立即从椅子上站起来，去一旁抽烟。原来，不喜欢就是不喜欢，再怎么假装微笑也是枉然。

由巴黎飞往伦敦的飞机上，张幼仪受不住气流的颠簸，忍不住呕吐起来。徐志摩不耐烦地扭过头说："你真是个乡下土包子！"可惜，徐志摩风凉话没多久，报应就落到了自己身上。没过一会儿，他也吐起来。张幼仪终于忍无可忍，第一次略带强硬地回击说："我看你也是个乡下土包子。"

有了第一次反抗，就会有第二次、第三次……1925年3月26日，徐志摩在给陆小曼写信时，曾说道：（张幼仪）独立的步子已经站得稳，思想确有通道，她现在真是"什么都不怕"，将来准备丢几个炸弹，惊惊中国胆鼠的社会，你们看着吧。

时间在走，年龄在长。懂得多了，或许悲伤就少了。在生活这场戏里，你是自己的主角，也是别人的配角，总有一天你所轻视的人，也会有让你另眼相看的一天。徐志摩预言得没错，张幼仪后来取得了巨大的成就，做了完美漂亮的一个转身，也完成了一个女人的命运史诗。

3.无妄的等待，无妄的伤害

有人说，如果他总在为别人撑伞，你又何苦为他等在雨中？林语堂在《吾国吾民》中写道："一个人彻悟的程度，恰等于他所受痛苦的程度。"一个女子，对心爱的男子还有期待，说明他伤她伤得不够。而她唯一能做的，就是继续等待他的回心转意，或许念旧的人总是更容易受伤，因为他们总喜欢拿余生去换一句别来无恙，不过，对于此时还旋在其中，没有挣脱出来的张幼仪来说，除了等待，还能做什么呢？

婚后，徐志摩尽管对张幼仪诸事不满意，但始终没有违背父母的意愿，直到他在英国遇到了林徽因。

林徽因是才貌双全的女子。她不仅有中国女性所缺乏的独立精神和现代气质，还写得一手好新诗。1919年，中国山东割让给了日本。同盟的其他国家对这个不公平的条约置之不理。1920年前后，做过北洋政府司法部长的林长民带着林徽因到了伦敦。那时的徐志摩已考入哥伦比亚大学经济系，是一个地道的"高才生"。他在结识林长民时，认识了他的女儿。林徽因当年只有十六岁，而徐志摩则已经是一个两岁孩子的父亲了。他们相遇后，林徽因成了徐志摩诗歌的素材。他单恋她，与她走得很近。

身在欧洲的张君劢知道了此事，写信劝说徐志摩将张幼仪接出来。徐志摩碍于张家与徐家的情面，于是在1920年11月26

日给父亲写了信，徐家答应将张幼仪送出国。

此时，远在中国的张幼仪并不知道此事，还天真地等待着自己的丈夫回来。儿子阿欢满周岁那天，全家人为他举办了"抓周"仪式。抓周，就是让满周岁的孩子坐在中间，在他周围摆放各种物品，让他随便去抓。由于孩子什么都不懂，他只会去抓自己感兴趣的物品，这种天然纯真的选择，也是一种对未来前途的占卜方式。

家里人给阿欢准备了尺子、算盘、铜板，还有徐志摩用过的毛笔。满周岁的孩子正是对世界充满好奇的时候，在他把所有拜访的物品各自玩弄一番后，他选择了徐志摩用过的毛笔。

这个选择让徐申如乐开了花，他开心地抱起阿欢，高兴地说："徐家又要出一个读书人了！"当时，官府重要文告上常用语"铁笔不改"。徐申如坚定地以为，孙子阿欢将来是要当官的。

"读书人"三个字，让张幼仪也无比开心，这说明他将来能跟自己的父亲一样，留学海外，学得一身本事。可这三个字，也深深地扎痛了她的心。若他不是读书人，只是普通门当户对的商人男子，张幼仪现在是不是跟着丈夫一起为儿子抓周而开心呢？一个女人，到底要的不多，不过是相夫教子，夫唱妇随罢了。

张幼仪与徐志摩之间交流不多，但她听徐志摩说过，中国目前正在经受巨大的变动，之前的礼教与习俗不再制约着人们，中国人将会解放，感受到前所未有的自由。徐志摩向传统挑战，并说自己要成为中国历史上第一个离婚的男人。

张幼仪被这话吓得不轻。在那个时代，男女的婚姻遵从"父母之命，媒妁之言"。从古至今，她在历史上倒是见到过男女为了爱情而向传统挑战的，但那毕竟是故事。她只想做一个平凡的普通女人，"离婚"这个词，她是从来都不敢想的。

"离婚"代表着"休妻"。被休掉的女人，多数是犯了错事，或者失去了贞洁。她们大多命运悲惨，娘家人不接受她们，就只能出家，或成为妓女，抑或自杀死掉。被休掉像个阴霾一样，笼罩在张幼仪的头顶。

初到欧洲后，张幼仪在伦敦住了一段时间。那是一个俱乐部的房间，俱乐部里住的都是中国人。徐志摩在这里住了一年，人们对他的才华早有所闻。作为一个"才子"的妻子，张幼仪发现他们看她的眼神带着些许惊讶。他们大多数人，并不知道她的存在。徐志摩身边突然冒出一位妻子，完全打破了之前对于徐志摩的想象。

一无所有，一无所惧：张幼仪传

在这里，张幼仪已经不再是张家的二小姐，徐家的少奶奶，她变成了一个地道的"保姆"。而徐志摩整天忙着学习和读书，他当时的目标是去剑桥读书，每天都为此奔忙。都说世界上最遥远的是生与死的差距，但他们却忘了，生与死还有一座用紧紧相牵的心搭建的桥梁，可爱与不爱之间，如同同为一极的磁铁，没有相遇的瞬间，明明知道你不爱我，我却依然拼了命地追随，将你越推越远。

晚年张幼仪回忆起这段时光，她说："我来英国的目的本来是要夫唱妇随，学些西方学问的，没想到做的尽是些清房子、洗衣服、买吃的和煮东西这些事……好像家里的用人一样。"俱乐部的男男女女每个人都有自己的事情做，张幼仪焦虑起来，她觉得做家务，是没有意义的事。可是，除了待在俱乐部内，她又无处可去。在这个黄头发、蓝眼睛的国度里，不懂英文，不懂他们的文化的张幼仪，又能做什么呢？

家中时常有人来拜访，徐志摩会与那些客人一起用餐、喝茶。并在茶余饭后，讲一些张幼仪听不懂的话。那些话题过于深奥，她只有默默在一旁加水添茶的份儿。当然，徐志摩与客人谈得最多的，还是文学与诗词。这时，张幼仪会细心地听，有些她能听懂，有些就要自己去思索。她只能通过这种方式进入徐志摩的世界，尽量了解自己的丈夫。

有一次，家里来了一位重要客人。他叫狄更生，是帮助徐志摩进入剑桥读书的人。徐志摩对他极为崇拜，他们聊得十分欢乐。张幼仪忍不住问徐志摩聊什么这么开心，徐志摩的神情立刻变得不耐烦起来。她才发现，她大抵永远都不可能了解自己的丈夫了。只要她一开口，他就会冷冷地说："你知道什么？你懂什么？你能说什么？"

在民国，父母包办的婚姻并不少。丈夫不喜欢妻子的也大有人在，但只要做出隐忍，不犯"七出"，并遵从"三从四德"，她永远都是徐家的女主人。人生在世不过短短几十年，爱可以融化一切的苦难与寂寞。只要徐志摩每天回家，哪怕一生同床异梦，也是值得去等待的。

不过，这只是张幼仪一厢情愿而已。后来，徐志摩坦白过与张幼仪在国外郏几年的感受，他说："我们两个人的婚姻真是滑稽，做夫妻还得拿捏着做，我们在还不知道怎么拿捏的时候，被推到了这样一个进退维谷的境地，上不来下不去，妻子憋屈，我难受，两个人都窒息不自在，只因为我们没有感情。"张幼仪听了难过，她说："我生是徐家的人，死是徐家的鬼。"

一无所有，一无所惧：张幼仪传

张幼仪经常看到徐志摩在读一些英文的信件，她虽然不知道英文的内容，但看徐志摩读信的神情，知道一定是他爱慕的那个女子。有时她和徐志摩一起出门，在公交车上遇到了徐志摩的朋友，聊天的时候他们也会突然停下来，他伸手指一指张幼仪，让朋友不要再说下去了。这一指，更加印证了张幼仪的猜测。

在国内，男人有个小妾不算大事。只要男人有钱，就能再娶几房姨太太。徐家有钱，张幼仪已经做好了徐志摩纳妾的准备。只要他开口，她也会表示同意，至少比被"休掉"的好。只是，他始终不张口，她只能去猜，去观察，去等待……

然而，张幼仪并没有等到徐志摩向她开口"纳妾"，而是等来了徐志摩剑桥大学的录取通知书，他以文科特别生被录取的。

于是，她和徐志摩搬离了俱乐部，住到了一个叫沙士顿的地方。在这里，徐志摩有些举动变得怪异。他每天早上吃完早饭后，一定要去理发店。直觉告诉她，他可能去会自己的女朋友了。

恰巧这时，家里住进来一个叫郭虞裳的人。他有些"宅"，大部分时间都在房中读书。张幼仪孤独的时候，总会跟他聊上几句。在聊天中，她才得知，徐志摩每天早上去理发店是去收信了。当时伦敦与沙士顿之间的邮件送得勤，他每天都要与女朋友通信。而他们之间的交流全部用英文，就是防止张幼仪发现。

该来的还是来了，他最终还是要"纳妾"的。就算他纳了小妾，她也是给徐家生过儿子的女人，无论怎样她的地位都是不可撼动的。她暗暗地宽慰自己："我在徐家的地位是不会改变的。我替他生了儿子，又服侍过他父母，我永远都是他的原配夫人。"可是，在国外待了一段时间的她，又很快打消了这个念头："不，那不可能，因为没有外国女人会同意以'二房'的身份嫁进一个家庭的。"

是的，接受过外国思想的中国女子，是断不肯成为二太太的。

绝望向她袭来，她难过地呕吐不止。然后，她突然发现，自己竟然怀孕了。命运真会跟她开玩笑。她刚刚绝望不久，肚子里的孩子又让她看到了一点点希望。可是，这也意味着她还要继续等待下去。

旧时代的女子最是不易，无妄地等待，无妄地伤害，这一切的一切都得咬牙坚持，只因为她坚信自己是徐志摩的原配夫

人，坚信自己的"三从四德"是不会被抛弃的。她等待的，只
是用时间来证明自己的价值。

4.也许，人生还有另一种可能

兵法中讲："置之死地而后生。"当一个人退无可退时，
才能下定决心，选择新的可能。有时委曲求全，不过是因为求
全的成本更低。外人来看，这人活得窝囊，可在当事人来看，
可能觉得自己活得很聪明。

在经济学中，所有的经济判断都是以"假如人是自私的"
为前提条件的。当一个人愿意放下所有，为一个男人付出时，
于她而言一定是值得的。因为反抗的结果，会让自己付出的代
价更为惨重。

张幼仪害怕被抛弃，抛弃意味着"死亡"，意味着自己
做错了。外界的舆论、生存等一系列问题，让她只能用最低
的成本，避免让自己陷入更大的恐惧与不幸中。委曲求全似乎

是最好的策略。于徐志摩而言，婚姻让他窒息。他想从婚姻中逃走。这好比关在围城内的人，渴望自由一样。无论多大的代价，自由总好过被囚禁。

搬到沙士顿的张幼仪和徐志摩，日子突然过得紧张起来。他们住的房子并不大，有两个卧室和一个小小的客厅。按理来说，用徐家寄来的钱在这里生活，应该是富足的。

但徐志摩只拿出很少的一部分给张幼仪作为生活的费用，另外一大部分金钱，张幼仪一直不知道去了哪里。不过，徐志摩还是给她请了老师教她英文。那段时间，她把家里的物品全部贴上了单词。她从一个不会说话的"哑巴"，变得能跟人简单地交流了。

可惜，她没有开心多久，老师就抱怨路途遥远，不想再教她了。因为生活越来越窘迫，她也就没有再坚持。于她而言，没钱只能精打细算。但对于徐志摩而言，没钱就没办法"谈恋爱"。他甚至没有跟张幼仪商量，就把房子出租给了一位叫郭虞裳的中国留学生。

郭虞裳的到来，让她彻底明白了自己在徐志摩心中的位置。他拿她当空气，连出租这样的事都懒得与她商量。伤心之余，张幼仪倒还多了一个聊天对象，多了一个解闷的人。不过这也让她更加忙碌了，因为还要照顾郭虞裳的饮食。那时，她从一个徐家少奶奶，彻底变成了一个老妈子。她的角色，就是默默地洗衣做饭，极少与徐志摩交流沟通。

后来，张幼仪跟侄孙女张邦梅说："也许是因为我们太穷了吧！如果饭菜好吃，他一句话都不讲；要是饭菜不好，他也不发表意见。今天你们年轻人知道怎么样讨论事情，像你大概就会尝试和你先生商量大小事情，可是当年我没办法把任何想法告诉徐志摩；我找不到任何语言或辞藻说出，我知道自己虽是旧式女子，但是若有可能，我愿意改变。我毕竟人在西方，我可以读书求学，想办法变成饱学之士，可是我没法子让徐志摩了解我是谁，他根本不和我说话。"

张幼仪所言不虚。有一次徐志摩带张幼仪去看卓别林的电影，半路上遇到了他的朋友，朋友觉得范伦铁诺的电影更好看，徐志摩掉头就往反方向走，根本不管张幼仪怎么想。他把她当成空气，当成一个没有想法的女人。

尽管落寞，但终究不过是婚姻里的小伤小痛。于张幼仪而言，她心里再不舒服，都还可以忍受。但让她无法忍受的事，终究还是来了。

张幼仪发现自己怀孕时，是与徐志摩住到沙士顿不久的时候。当时，她很高兴这个孩子的到来，在张幼仪看来这是他们关系缓和的一个契机。但因为现在就自己一个人，周围没有母亲、婆婆、奶妈的帮助，自己每天要干许多家务活儿，加上经济窘迫，张幼仪内心之中很担心，怕养不了这个孩子。

她找徐志摩商量怎么办。徐志摩知道这个消息，表情变得凝重，想也没想就说："把孩子打掉。"这是张幼仪做梦都没想到过的话，她知道徐志摩不喜欢自己，但没想到连自己生的孩子他都连带着讨厌。在那年月，打胎是一件危险的事，只有那些真的举步维艰的女人才会冒险选择打胎。她不愿意，她要为孩子争取机会："我听说有人因为打胎死掉的。"徐志摩听了冷漠地说："还有人因为坐火车死掉的呢，难道你看人家不坐火车了吗？"一句话将张幼仪说得哑口无言，她愣愣地说："可是，可是我不知道要去哪里打胎？"徐志摩瞥了她一眼，摇摇头说："你会找到地方的，这种事情在西方是家常便饭。"张幼仪不懂为什么别人家的孩子出生，带给丈夫的都是高兴和幸福，到了自己这儿就成了徐志摩的累赘。

在张幼仪所住的房子附近，有一对姓胡的夫妇，他们在康桥读书，张幼仪与胡太太较为熟悉。她把自己怀孕的事向胡太太倾诉，并询问她哪里有打胎的医院。胡太太建议她去法国打胎，因为那里会比英国更安全。看着胡太太娴熟的回答，张幼仪心里更加害怕了，觉得自己周围生活了一群刽子手，在一点一点地割离自己与肚子里的孩子。

徐志摩一句"把孩子打掉"，就等于宣布了孩子的命运，余下的事只能由张幼仪自行解决。事实上，张幼仪询问胡太太只是想让人给她一点支持，却没想到对方也将这种事看得轻而易举。

或许如果张幼仪选择打胎，那是最好的选择，既能缓和与徐志摩的关系，又能给自己减轻压力。但是那是一个孩子啊！在这个世界上，唯有孩子能拉近两人之间的距离，这种想法让张幼仪丧失了理智。她曾经坚定地以为，多一个孩子就能多一份婚姻的保障。那个时候，她却突然发觉，母亲从小教导的"是"，根本无法解决任何问题。这一次，她要为了自己的幸福，说一次"不"！

后来，她见徐志摩不再提打胎的事，自己也就不再主动提起。她甚至觉得，徐志摩可能已经改变了想法。

事实上，徐志摩是根本就没将它当成一回事。这天徐志摩突然告诉张幼仪，家里要来一位客人，需要她准备晚餐。那一刻，她有一种不好的预感。之前"女朋友"的事闹得沸沸扬扬，她一直在等他开口。可如今，那个"女朋友"自己来了。徐志摩告诉她，这位女子在爱丁堡大学读过书，会讲英文，有着极高的文学素养。简单的介绍，已经把她这位原配太太比了下去。她不敢想象未来如何跟这位有学问的"二太太"相处。那时，她的地位会不会越来越低？他们在同一屋檐下，过着幸福恩爱的生活，只把她当成家中的"保姆"？

　　张幼仪做好了正房太太为徐志摩选二房的准备，与这位女子会面。她在心中暗暗发誓："我要以庄重高贵的姿态超脱徐志摩强迫我接受的这项侮辱，对这个女人的态度要坚定随和，不要表现出嫉妒或生气。"可是这一次，她想错了。来访的女子并不是徐志摩的"女朋友"，而是一位被称呼为"明小姐"的女子。

　　明小姐有一头短发，涂着暗色的口红，身穿时髦的洋装。张幼仪仔细打量，等她的目光落到脚上时，差点没笑出声来。因为她有一双被缠得很精巧的小脚。徐志摩一直喜欢开放的女子，却没想到也会欣赏"小脚"的女子。而她是一位没有缠过脚的女子，可怎么徐志摩就是爱不起来呢？

　　事实是，这位"明小姐"的父亲很开明，不同意女儿裹脚，可母亲和祖母则认为女子不裹脚，是要嫁不出去的。为了让两位老人开心，父亲让她在家时放开脚，在母亲和祖母面前就裹上脚。但在一次又一次裹脚中，她的脚最终还是变了形，成了地道的"小脚妹"。

"土包子"与大脚，小脚与西装，两者并不搭。

送走"明小姐"，徐志摩问张幼仪见她的感受。张幼仪虽然心有不甘，可她习惯了说"是"，于是反复思量，最终说出口的是："她看起来不错。"接着，她实在忍不住，道出了她心中真正想说的话："小脚和西服不搭配。"

这句话激怒了徐志摩，他莫名其妙地向张幼仪喊道："我就知道，所以我才想离婚！"徐志摩的意思很明白，如果小脚与西装不搭配，那么"土包子"与大脚也一样让人看着别扭。他真正所指的是，张幼仪的思想与人家的"小脚"一样，是不可改变的，是不舒服的，是禁锢的。

只是，当时张幼仪的大脑子是蒙的，她来不及想这些，她听到了"离婚"这两个字眼。他终于还是说出口了，原来这才是他最想说的话。张幼仪最后一点点自尊被他摧残得一点不剩，她从后门逃了出去，试图逃离这里的一切，这是徐志摩第一次对她提高嗓门，她不知道自己说错了什么，也不知道自己该干些什么。她只知道她需要一个人静静，不然自己一定会爆炸的。徐志摩怕她想不开，一路跟着她，花了极大的力气把她拉了回来。

月光的映射下，两个人的脸清晰地显露了出来，身后房间也被月亮镀上了一层银光。那样一个岁月静好的场景，在张幼仪的心里却毫无生气，到处透着冰冷。

第二天醒来，她没再见过徐志摩。这个男人就像凭空消失了一般，蒸发在她的世界里。几天后终于有人上门时，来者并不是徐志摩，而是他的朋友黄子美。

黄子美有些尴尬，也不知道如何开口。但受人之托，就要忠人之事。他缓缓说出了徐志摩交代的事情："他想知道……我是来问你，你愿不愿意做徐家的儿媳妇，而不做徐志摩的太太？"不等张幼仪开口，他继续说："如果你愿意这么做，那一切就好办了。"

张幼仪没有回答，也没有做出任何反应。她仿佛遭受到了晴天霹雳，大脑还来不及思考任何问题。接着，黄子美直接说出："徐志摩不要你了。"

那一刻，她的心里很乱，她不敢想象，自己被抛弃后家人是一种怎样的心情。他那么优秀，是四哥精心为她挑选的对象。在家人心中，徐志摩近乎完美，给张家长足了脸面。如果全世界都知道她被抛弃了，张家的脸一定会被丢光吧？可是，她又没做错什么，就算离婚了，娘家人也不至于不要她吧？

张幼仪后来也说，自己的人生分为"出国前"和"出国后"。出国前，她三从四德，出国后她不得不为自己而活。没有尝过"锯心"的疼痛，永远不知道人生还有另外一种可能。那一刻，她不再逆来顺受，她必须为自己做打算了。不管是想办法保住自己的婚姻，还是离婚后为自己找个栖身的地方，她都不能坐以待毙。

当时，她肚子里怀着孩子，徐志摩却要她打掉。她这一次不想认命，想竭尽全力保住孩子，想完成自己读书的理想，她终于第一次真正地做出了自己的选择。她给远方的二哥写信，说自己想要保住孩子，并且想读书。

所有不公与不甘，化作了勇气与力量。她强忍着悲痛，咽下苦涩的泪水，告诉自己不能放弃，有时得到，不一定会长久；有时失去，未必不会再拥有。她想，其实没有那么困难，就是学会认命吧，接受最坏的，看接下来还能再多坏，然后管它是风是雨，往前走就是了。

或许有时我们要"信信命"，有时又要"认认命"，但此时的张幼仪不愿再像以前那般任人摆布，她不要信命，更不认命，她要反抗——不带一丝攻击的反抗，她要在最悲惨的环境中，选择一个至少能稍微宽慰自己的选项。就像《少年派的奇幻漂流》中所演绎的那样，当一个人的人生只剩下自己和老虎，还能有更坏的吗？如果我们不能反抗，唯有接受，但这种接受就是在鼓励自己勇敢面对。

第四章　尊卑·被冷落的珍贵感情

1.至亲至疏夫妻

　　爱情，不需要太多言语，一个眼神就够了。一个人爱上另一个人，眼神有多炙热，对待不爱的人，就有多冰冷。他不爱你，连看你一眼都不愿抬头，他把自己全身心的温度给了心爱的人，就再也没有余温给他人。多年后，徐志摩爱上陆小曼，给她写的情诗《雪花的快乐》印证了对张幼仪的冷漠，也印证了他的逃离心。

　　"假如我是一朵雪花，翩翩的在半空里潇洒，我一定认清我的方向，飞扬，飞扬，飞扬，这地面上有我的方向。不去那冷寞的幽谷，不去那凄清的山麓，也不上荒街去惆怅，飞扬，飞扬，飞扬，你看，我有我的方向！在半空里娟娟的飞舞，认明了那清幽的住处，等着她来花园里探望，飞扬，飞扬，飞扬，啊，她身上有朱砂梅的清香！那时我凭借我的身轻，盈盈的，沾住了她的衣襟，贴近她柔波似的心胸，消溶，消溶，消溶，溶入了她柔波似的心胸！"

对于徐志摩而言，他从不认为自己冷漠无情，而是张幼仪是他要逃避的"冷寞的幽谷"、"凄清的山麓"和"荒街惆怅"。

在徐志摩看来，他没有做错什么，一场婚姻的开始，要么是感情的开花结果，要么是对于单身生活的疲倦，总之，是不想分开的两个人唯一的出路。都说婚姻是感情的坟墓，但事实上，步入婚姻以后仍甜蜜多彩的大有人在，一场没有感情的婚姻的背后才是坟墓的前提。而于感情至上的徐志摩而言，坟墓都是客气的，说是地狱一点也不为过。他与张幼仪会走到今天这个地步，一切都是旧式婚姻制度的错。这个制度带给他一个不可爱的妻子，她不够时尚，不懂新思潮……仿佛只是因为她不完美，就不该得到他的爱。所以从揭开她头巾的那一刻，就注定了他会将自己的背影永远留给她。

他用无声的冷暴力，一点一点凌迟着她的心。后来张幼仪回忆起那天的情景，她说："我上床的时候，徐志摩还在客厅用功。不过，到了三更半夜，他蹑手蹑脚进了卧室，在低下身子爬上床的时候拉到了床单，而且他背着我睡的时候，身体轻轻擦到了我。我虽然知道他是不小心的，却有一种这是我们身体最后一次接触，也是在向我们那段可悲的亲密关系挥手告别的感觉。"

事后，他们没再说话。可徐志摩的那句"我就知道，所以我才想离婚！"却一直响在张幼仪耳边。这个房间冷得让人窒息，张幼仪说："他说话的时候，我怕他再提高嗓门；不说话的时候，我又很想知道他什么时候会再这样。"无论说与不说，都不对。有天早上，徐志摩第一次没有吃早饭就走了。她从屋子里，看到他骑着自行车走了，心里不知道接下来会发生什么。

想想家中父母，想想徐家的产业，他或许应该向张幼仪道歉，可这根本不是徐志摩的性格。有些话，只要说出来就再也收不回去了。事实上，徐志摩的心思根本不在孩子和张幼仪身上，他此时满脑子都是林徽因的身影，也满心都在琢磨如何跟张幼仪开口讲离婚的事。他必须要逃离这个冰冷的婚姻牢笼。

徐志摩没有回家，张幼仪不由得紧张起来，不过她还能自我安慰，觉得他或许是去伦敦看朋友了，又或者，只是出去散散心。实在按捺不住，张幼仪向郭虞裳打听徐志摩的下落，可连他也不知道徐志摩去了哪里。

他彻底逃离了。再一次将背影与虚空留给她。这让她回忆起当时出国时的心情，不由得悲从中来。她以为，自己漂洋过海来到徐志摩身边，应该可以重新建立夫妻之间的感情。她在那一望无际的海上漂泊了三个星期，这三个星期里，她无数次幻想徐志摩用怎样的情绪迎接自己。他会不会跟她一样，急切渴望见到对方？是不是眼中满含关怀，询问她旅途是否劳累？

然而，什么都没有。

后来，她回忆说："轮船上的我啊，激动又不安，害怕这是我和公婆的一厢情愿。"

很多问题她都没有答案，至少暂时找不到答案。一阵强烈的呕吐感，把胡思乱想的张幼仪拉回现实中。她才猛然想起来，她的肚子里还有徐志摩的宝宝。她的反应特别大，像初怀阿欢时那样，没有胃口，呕吐不止。

"至高至明日月，至亲至疏夫妻"，那些我们以为的百年修得的同船渡，便能和衷共济；我们以为的千年修得的共枕眠，便能一世缱绻，到了相看两生厌时，一切的怜惜和情分都被剔得一干二净。如果张幼仪三从四德深入骨髓，那徐志摩誓死也要离婚的精神，同样深入灵魂。很多时候，放手和坚持同样重要，难的是坚持，痛的却是放手。他潇洒地逃离了婚姻的泥沼，独留她一人在婚姻的泥沼中越陷越深。很多人，因为寂寞而错爱了一人，但更多的人，因为错爱一人，而寂寞一生。

2.难的是坚持，痛的却是放手

人心如瓷，破碎了就再也无法将伤口愈合，可人总是记吃不记打的，好了伤疤忘了疼。总有一个男人，用最狠的方式教会我们成长，教会我们什么是爱。他们曾经在我们的世界里走来走去，云卷云舒，然后淡然地转身不见。徒留我们在自己的世界里破碎，这颗肉长的心，到底与物品不同。纵然心爱的人一次又一次地伤害自己，总还是能从黑暗中看到一丝光亮。这透过光来的缝隙就像窗口，以为拉开就能走向光明，所以我们就这么一直傻傻地站在原地，傻傻地等着。

有时，在该放手的时候就潇洒放手，很多痛苦就没了。可惜徐志摩不知如何放手，张幼仪不敢放手，于是那一个两个亦步亦趋的追爱脚步在泥泞中深一脚浅一脚地继续前行。这脚步比海风中那个冷漠的身影更冷，冷得张幼仪差点想要结束自己的生命。

她不是没想过死，只是父母从小的教育"身体发肤，受之父母"，她死不起。更何况，她肚子里还有一个无辜的孩子。她又想到了远在祖国的阿欢，她不能让阿欢成为一个没娘的孩子。强大的责任感与道德感支撑着她的内心，克制着她一次又一次要自杀的冲动。

当压抑达到顶端，爆发就变得势不可当。于是黄子美的敲门声打破沉寂后，张幼仪也爆发了。

黄子美说："徐志摩不要你了。"她火冒三丈地顶起下巴，对黄子美说："徐志摩忙得没空来见我是不是？你大老远跑到这儿，就是为了问我这个蠢问题吗？"然后，她把他"请"到门口，重重地关上了门。

徐志摩到底是不会回来了，即使谈离婚这么大的事，也不愿意见她。他这一转身，就再也没有回过头。

黄子美离开后，张幼仪觉得自己陷入了一个冷窖里，四面八方都是冰冷的墙壁，自己挣脱不出。张幼仪想到了二哥，现下只有二哥能救自己了。张幼仪把唯一的希望放到了二哥身上。她给二哥写信，信中讲述了徐志摩让她打胎的事，还告诉

第四章　尊卑·被冷落的珍贵感情

二哥，徐志摩已派人过来，要求自己与他离婚。

她要二哥给她一些意见，因为现在实在不知道该怎么办。其实，当时张幼仪已经万念俱灰，与其说希望二哥给她意见，不如说她希望二哥能作为说客，让徐志摩不再提离婚的事。

二哥的信件很快收到，然而一切并没有任何改变，信上写着："张家失徐志摩之痛，如丧考妣。"意思很明显地说，张家把徐志摩当作了家里人，如今张家也无能为力，像丧失自己的孩子一样痛苦。对于她肚子里的孩子，二哥给出的意见是："万勿打胎，兄愿收养。抛却诸事，前来巴黎。"

"咣当"一声，张幼仪新生的大门，在这一刻被命运狠狠地关上了。从前，无论心碎多少次，总还有一丝希望。她如同一个瓷器，摔坏一次还能修补，再坏一次黏合上还能再用，如今，她碎成一地，在他眼里没有一点价值了。

张幼仪下定决心离开。她不能再眷恋这个小家，更不能再等待徐志摩回来向她解释。不过，在她临行前，还是给这个小家做了彻底的打扫。她把他的书、衣服、用过的物品，一一整理好。这些物品还残留着他的气味和余温，她把这些物品抚摸了一遍又一遍。她知道，只要踏出这个家门，他们就再也没有任何关系。

一无所有，一无所惧：张幼仪传

晚年的时候，张幼仪说过离婚这件事，她说："如果丈夫是在告诉我，他想成为中国第一个想要离婚的男人之后便斩钉截铁地离了婚，而不是在藕断丝连中得陇望蜀，有了心仪的女主角后再义无反顾地离婚，那我觉得他是一个纯粹追求浪漫和诗意的人，但是事实并不是这样。"

张幼仪来到巴黎后，二哥将她托付给法国乡下的刘公岛夫妇照顾。不过，二哥并没有对刘氏夫妇说实话，而是说徐志摩外出游历，所以妹妹需要在他们家住一段时间。刘氏夫妇都是极好的人，最无奈的是他们夫妻俩都是二哥和徐志摩的"粉丝"，尤其是徐志摩。他们曾和徐志摩有过短暂的交集。徐志摩幽默、开朗、博学的一面给他们留下了深刻的印象。一听说是徐志摩的妻子想要借住，两人二话不说就同意了。听着刘氏夫妇的话语，张幼仪心中的苦水不住往外涌，一个对朋友极其宽容大方的人，对自己的妻子却是那样地冷漠。

二哥安排好张幼仪后，立刻给徐志摩写信劝和："志摩吾弟，幼仪已在我处安排妥当，在我处一切安好勿念。家中亦去信，称你有游学之计划不便照顾，弟之谓此婚姻系无爱之结果。对此非身在其中便无可置喙。然幼仪处境实可怜，当设身处地位置思量。况张家向来视弟非是姻亲而等同于手足，故离

第四章 尊卑·被冷落的珍贵感情

异则有如痛失手足，故盼弟能三思而后行。二哥。"

徐志摩回信说："君劢二哥。我已离开沙士顿。搬进剑桥的学员宿舍。幼仪由你照顾，至为感激。对她的伤害，我自知无力弥补，但若要以延续婚姻，作为内心亏欠的补偿，只怕亏欠更深，伤害更大，短痛亦将成为长痛，弟在剑桥受其性灵之启发，并非三言两语能尽述。唯其活学活用的根本，都在于尊重人格之自由完整与差异。这在中国社会是最被忽视的一件事，在媒妁之言，父母之命的婚姻中，更是首先被牺牲的关键，弟与幼仪之婚姻痛苦如肇于此。清醒了岂能再昏醒，觉知了岂能再愚昧。当华美的叶片落尽时，生命的脉络便历历可见。弟之愚情盼兄能体解。志摩。"

张幼仪拖着有孕的身体，在刘家缓缓地反刍那段记忆，慢慢说服自己，接受眼前的现状。可是看到刘氏夫妇相濡以沫的生活，她总是难过得无以复加。第一次叛逆——将孩子留下的结果虽然一瞬间带给她极大的得意，但久而久之却是更为沉重的代价。

张幼仪初到巴黎的时候，二哥称他愿意收养张幼仪还未出生的孩子。起初，张幼仪也认为这是最通情达理的解决办法，也是最没有办法的办法。毕竟，一个手无缚鸡之力的女子，还带着一个刚出生不久的婴儿，这样的组合又怎么能在国外独自生活。可是，在和二哥住了一个星期之后，张幼仪发觉理想很丰满，现实却很骨感，不管两人之前的想法有多好，二哥一个自己都还没结婚的大男人，根本不可能独力照顾一个小孩。二哥那时候先是在巴黎大学读书，回来又去了德国，整天埋头研究哲学，这使得张幼仪又变成了照料家里的人。她不是没想过要回国，但是她害怕，这样灰溜溜地回去，周围的人肯定会说闲话，觉得是自己出了问题，才会让男人将自己休了。可自己什么都没做，唯一做错的就是嫁给了徐志摩，嫁给了一个根本就不爱自己的男人。

痛苦从来都不是生活的灵药，时间也从来回不到开始的地方，对于错误的、错过的，何必去拼命挽留。或许过去的如镣铐般沉重，但决不能让它锁住自己的未来。或许有些东西，生来就是让人仰视而不是摘取，难忘的人、难过的事，破碎的梦，破裂的期待，那些自己曾经视若珍宝的一切，如今不得不放弃了。

张幼仪告诉自己一定要打起精神，随便什么都好，去找一些事情分散自己的情绪。刘太太也怕张幼仪一个人太过寂寞，便建议她学习法语，这样不仅能突破语言障碍，还能增强在国外的生存技能。张幼仪曾经渴望的，此时仿佛可以再度拾起。所以，谁又能说，失去所带来的，仅仅是痛苦呢。

此时的张幼仪意识到，原来二十几载光阴过去，她竟然从未为自己活过。经历了婚姻的失败与洗礼，她是否可以变得无所畏惧，开启一段新生活？

3.低到尘埃里的女人

都说除了牙齿外，唯一令人不能自拔的，就是爱情。作为一个被旧制度绑架的女子，张幼仪的坚强之路，更是艰难。岩石间的小草教会我们执着，峭壁上的野花教会我们积极，而她则要如蚕一般缓缓吐出丝茧，将自己包裹起来，如同为自己的人生，亲手砌好围墙，默默等待，等到化茧为碟的一天。

此时的张幼仪，已经把离婚看作必然的结果，不再有什么希冀。虽然二哥跟她说，国内的《婚姻法》让他们目前还无法走到法律程序。徐志摩想离婚，必须符合三个条件：双方主动自愿离婚；一方有重婚，通奸；或者一方生死不明，满三年以上者。除此之外，离婚的夫妻双方，男方必须满三十岁，女方必须满二十五岁。

那时，徐志摩二十四岁，张幼仪只有二十一岁，如果想离婚的话，在年龄未达的情况下必须要经过双方父母同意。当初结婚，两个人没有自主选择权利，完全听从父母之命；如今离婚，一对年轻的夫妻也没有自主选择的权利，终究要将命运交到别人手中。

张幼仪无法想象，父母知道自己离婚的消息后，会是怎样一种心情。就算女儿小心谨慎，恪守妇道，在老家，人们的口水还是足以把她和张家"淹死"。这时，她想到了算命婆的话，也终于明白"命里有时终须有，命里无时莫强求"这句话。老天让她生在富贵家庭，为她选择了最优秀的男子做丈夫，一个人再好运，运气终究是要用光的。以后的余生，她只能靠自己。

徐家给她寄来的生活费，让她维持着不错的生活状态。她在巴黎住了八个月，肚子越来越大了。她看着自己圆鼓鼓的肚子，心里又开始退缩了，她想要逃回国内。她知道，即便她不祈求公婆，他们也一定不同意她与徐志摩离婚的，"子甚宜其妻，父母不悦，出；子不宜其妻，父母曰'是善事我'，子行夫妇之礼焉，没身不衰"。这是《礼记》中老祖宗的言论。儿

第四章 尊卑·被冷落的珍贵感情

子非常喜欢他的妻子，但父母亲不喜欢，那只能休掉。儿子不喜欢他的妻子，但父母亲说："她很会侍奉我。"那么儿子就得和他的妻子过下去，白头到老。

为了保住自己的婚姻，她愿意再向他低一次头。之前，她有张家的背景为自己撑腰，她即使在婚姻里委曲求全，到底腰板是硬的，她配得上他。可是，她很快又打消了这个念头。她渴望找回曾经丢失的自己。

此时，七弟刚刚到国外不久，听说张幼仪在巴黎，特意赶来看她。对于张幼仪来讲，七弟的到来正是时候。二哥在德国留学，虽有刘氏夫妇照顾，但始终不是亲人。

张幼仪得知，马克此时正贬值，如果去德国留学可以省下不少费用。七弟本来只是过来看望张幼仪，不久后就也要动身去德国。可张幼仪不想一个人待在巴黎，于是提出同七弟一同动身去德国。她希望自己也能有留学的机会，而且孩子出生的时候，她身边也好有人照顾。

抵达德国后，临盆的日子已经屈指可数。生阿欢时，张幼仪受过不少苦，甚至差一点痛死过去。有了上一次的教训，她这一次坚持要去医院生产。

1922年2月24日，张幼仪和徐志摩的第二个孩子出生了。

如果说生阿欢的时候是万众期待，到了第二胎期待的除了张幼仪自己，估计就只剩下做手术的医生了。这个可怜的小家伙，还没出生就被父亲嫌弃，出生后身边也只有母亲一人。就连七弟也因为"产妇的房间不是男人去的地方"，一直没有出现。女子本弱，为母则刚。虽然她没有和任何人提起过，但她的心里是希望能生个女孩的，一个像她的女孩，一个能和自己贴心的小棉袄。因此当她看到医生抱来的小小男婴，眉眼都像极了徐志摩时，眼泪再也控制不住，大颗大颗地滚落下来。

德国之旅太匆忙，所以张幼仪生完孩子以后才发现，竟然没有准备被子、衣服，甚至没有奶瓶。她初到陌生国度，对这里根本不熟，完全不知道要到哪里去买这些用品。

除此之外，身在月子中的张幼仪还要为自己寻找一个落脚处，很多烦心事加在一起，导致她全身出现了水肿，一直胀痛，也无心无力再去做别的事情。七弟听说张幼仪要出院，急匆匆跑去医院接她。坐在颠簸的汽车上，张幼仪决心什么都不想，只专心养好身体，养大这个小小的婴儿，他们母子都是彼此的唯一。

张幼仪意外的是，在刚踏进家门的那一天，她就收到了徐志摩的信。

第四章 尊卑·被冷落的珍贵感情

在消失几个月后，孩子的父亲终于出现了。在信封上，字迹虽然是徐志摩的，但并没有邮戳。也就是说，信不是通过邮局寄给她的，而是派人送过来的。

在张幼仪的追问下，她得知这封信是徐志摩的朋友吴经熊送来的。此时，张幼仪已经有了某种预感。轻轻打开信纸，熟悉的字体跃然纸上：真生命必自奋斗自求得来，真幸福必自奋斗自求得来，真恋爱亦必自奋斗自求得来！彼此前途无限……彼此有改良社会之心，彼此有造逼人类之心，其先自作榜样，勇决智断，彼此尊重人格。自由离婚，止绝痛苦，始兆幸福，皆在此矣。

读下来，张幼仪觉得哭笑不得。他明明是为了其他女子要与她离婚，却非得说"彼此有改良社会之心，彼此有造逼人类之心，其先自作榜样"。

经历了种种心酸和痛苦，张幼仪已经可以面对着一切，可以不再做"低到尘埃里的女人"。张幼仪的心，开始强大。正如她自己所说，"在去德国之前，我什么都怕，在德国之后，我无所畏惧"。

多少人为了那所谓的"责任"和"伦理"，作茧自缚了一辈子。后来才恍然，也许每个人都有追求爱的权利，但不是每个人都值得被爱，更不是每个人都值得嫁。这一刻的张幼仪，她忽然感到很不值。夫妻一场，就算要告别，竟然也不能面对面去说清楚。他把她的人格和尊严究竟置于何地？

如果说，从前面对这件事，她的心态是恐惧、疑惑、祈求。这一次，她感受到的是接受、愤怒、鄙夷。一个男子，不敢光明正大地提出离婚，偏偏用了回避的方式，并将自己的错误全部掩盖，打着改变中国传统婚姻的旗号。她心想，原来他竟是这样的人。

她决定给吴经熊拨一通电话。电话拨通后，她十分明确地告诉吴经熊，自己必须见一次徐志摩。身为徐志摩的好友，吴经熊仿佛不想"出卖"徐志摩，始终不肯说出他的住址。张幼仪并没有介意，她只是淡淡地表示，那个地址对她来说毫无疑义，在吴家见面也好，希望他能代为转达。

徐志摩消失了大半年，如今终于有了消息。这大半年里，她也曾以泪洗面，不甘心，不愿放弃。但她最终发现，徐志摩根本不相信眼泪，现实也不相信眼泪。舆论不会因为她多流一滴眼泪而终止。与其如此，倒不如坦然面对这一切。

这是她有生以来，第一次独自面对这么大的挑战。在这场战争中，她只能成功不能失败。

第四章　尊卑·被冷落的珍贵感情

张幼仪来到吴经熊家门口，看到吴经熊早早地等着她。他的表情略微尴尬，可以看得出来他十分不好意思。两个大男人为难一个女子，到底有些不"厚道"。往里面走了几步就看到了徐志摩，他似乎比在沙士顿的时候高了些，也壮了些。再次见到徐志摩，张幼仪心中五味杂陈，一种愤怒抱怨的情绪涌上心头，但终究还是遏制住了这种情绪。她挺直了腰身，努力让自己看起来不那么狼狈，她要让他知道，没有他的这段时间自己也过得很好。

她一个女人独自前来，勇敢地面对这一切。徐志摩反而叫来了四个朋友作陪，为自己壮胆。他见到她时，甚至讲不出一句话来。最后，还是张幼仪打破了冰冷的僵局："如果你要离婚，那很容易。"

张幼仪表示，离婚她是同意的。只是出于对长辈的尊重，还要把这件事先告知自己的家人。随后，随他怎样都可以。

可那一刻，徐志摩已经等不及了。多等一天，对于他来说就是一种折磨，当下便需要她的签字。情急之下他脱口而出："不行，不行，你晓得，我没时间等了，你一定要现在签字……我非现在离婚不可。"

他为了他的幸福，可以不顾别人的痛苦，自己又为什么还要拖着这个累赘，加深自己的伤口呢？张幼仪冷冷地看着厚厚的离婚文件，再也不愿多耗费一刻光阴。她翻看之后迅速地签了字，递给他。这一次，她大胆地直视他，直接对上他的目光。她看见，这个男人仿佛松了一口气，脸上露出轻松的神态，嘴角不自觉地向上扬起。

这一抹微笑，像是他给自己的最后一箭。让她刺痛，也让她彻底觉醒。

时光这个饱经风霜的老人，没有教会她任何一件事，更没有带给她除了灾难以外的任何东西，但它至少让她看清了一件事——爱情。爱情这个东西，爱了就是爱了，不爱就是不爱，在这场不属于自己的爱情里，注定是笑话一场，笑死了别人，却笑伤了自己。

4.谢谢你，曾给我的空欢喜

一个人的碧海蓝天，总是要从飘飘荡荡开始。有些人走了就是走了，生活没有任何不同，仿佛那个人不是离去了，而是就从未出现在你我的生命里。这或许是我们期望的，即便不是，也是我们不得不承认，原来我们根本就不重要，原来遗忘根本就不难，面对着时间，一切伤口都显得渺小而无力。

那最后一刻的疼痛，其实并不是源自他对她的讨厌，他对这一段关系的草率与不负责任，而是向一段自以为是的光阴做告别，那种切割的痛感，是真实存在的，不知不觉中，她似乎一直在担任着"退一步，海阔天空"的角色。

一段情散了，便就忘了吧！再怎么紧紧地握住也只会越漏越多。一段缘尽了，便就算了吧！再多的不舍也只是徒劳。一段爱丢了，便就走吧！断了线的风筝那便让它飞，它需要天空，你也需要自由。

离婚文件签署完毕，没有吵闹，没有纠缠，没有再见，没有离别的伤感。这就是徐志摩和张幼仪的离婚，这就是中国历史上依据《民法》的第一桩西式文明离婚案，什么都没有，除了平静。张幼仪还未离开，房间里已经充满了欢乐的气氛，徐志摩甚至跟好友喝酒庆祝，就像他们结婚那天一样。

徐志摩说："我知道你不想离婚，可是不得不离，我们一定要做给别人看，非开离婚先例不可。"

徐志摩高兴了一会儿，才想到了自己再次做了父亲。他要求去看一看自己的小儿子。她没有权利要求他不去探望，他们去了医院，他把脸贴在玻璃窗上，开心得像个孩子。他好像在看一个好玩的玩具，她在他的眼神中看不到牵挂，看不到痛苦，看不到责任，看不到一个父亲应该拥有的担当。

晚年的时候，张幼仪回忆起这一幕，她无不感慨地说："他在医院育婴房的玻璃窗外看得神魂颠倒，但始终没问我要怎么养这个孩子，要怎么活下去。"

在签署离婚文件时，徐志摩为张幼仪和小儿子支付了五千元的赡养费。对于他而言，这就等于付出了全部的责任与义务。可对于一个带着"拖油瓶"的女人而言，不是钱就能解决所有的困难。

当张幼仪还在为"怎么活下去"发愁的时候，徐志摩已经回国了。1922年8月，徐志摩刚回到中国，就做了一件大事儿。1922年11月8日，《新浙江》副刊《新朋友》的"离婚号"上徐志摩发表了一篇西式离婚通告。通告上后半部分写着："目前的情况，离婚的结果，还不见男的方面亏缺，男子再娶绝对不成问题。女子再嫁的机会，即使有种不公平。固然，我们同时应该打破男必娶嫁的谬见。但不平等的现象依然存在。这女子不解放，也是男子未尽解放的证据。我们希望大家努力从理性方面进行，扫除陋习迷信，实现男女平等的理想。"

徐志摩发表文章尽显公平，通篇在讲平等，讲解放，讲女子值得同情。可是，他不仅不同情张幼仪，甚至讨厌她。他在公告中还提到，离婚无须双方父母的同意，只要双方同意就作数。

在文章中，徐志摩用屋子里失火，子女逃命的本性来比喻他水深火热的婚姻生活。而自己的父母，是不会理解身在失火的屋子中子女的感受的。所以，婚姻解除这件事由父母参与进来十分可笑。

诺贝尔文学奖作家奥尔罕·帕慕克在《纯真博物馆》中写道："……一些男人总不善待女人，然后还狡猾地让所有人相信自己并没有犯错……"在敏感的民国新时代，人道正在向另外一种道德标准行进。勇敢的是值得称颂的；退缩的和守旧的是可耻的，被鄙视的。但是不得不说，徐志摩的勇敢和浪漫主义，正如帕慕克所言，带着一点点"狡猾"。

徐志摩让张幼仪伤透了心，无论他说什么做什么，都与她再无瓜葛。她无暇顾及与他有关的任何事。当下，她最重要的就是如何生存下去。回忆起这段最艰难的日子，张幼仪说："其实没有那么困难，就是学会认命吧，接受最坏的，看接下来还能再多坏，然后管它是风是雨，往前走就是了。"

说来说去，人生不过就是一步一个脚印踏实往前走的。一个人纵然有无限热情，终究是要消耗殆尽的。有人把人生比作蜡烛的火苗。热情高涨的人，火苗旺一些，同样能量消耗得也多。而有些人，虽然火苗不那么旺，但燃烧的时间总能长一些。

徐志摩的一生很短暂。后来有人说，徐志摩的死是一种解脱，他在爱情与现实中承受的痛苦太多了。胡适之在《追忆志摩》中说："他的人生观真是一种单纯的信仰，这里面只有三个大字：一个是爱，一个是自由，一个是美。……他的一生的历史，只是他追求这个单纯信仰实现的历史。"

他一生都在热情地燃烧自己，不停地追寻美好与刺激。可是，人生到底是细水长流，活在当下才更加美好。

离婚前徐志摩写信给张幼仪说："……自由离婚，始兆幸福，皆在此矣。"无论徐志摩多绝情，他终究是飞走了，如他的笔名"云中鹤"。他把张幼仪留在人间，并"假惺惺"地祝她幸福。

当然要幸福，经历了伤痛，就越发懂得生存的重要性。遇到过"云"一样的男子，才会懂得脚踏实地的男子有多好。

第四章 尊卑·被冷落的珍贵感情

这才是日常的"云"上生活，这才是诗，这才是人生打磨出来的真谛。

签署离婚协议三个月后，徐志摩在发表离婚通告的同时，还刊发了一篇题目为《笑解烦恼结——送幼仪》的文章。文章的主旨是，两个人婚姻的全部罪过在于父母和封建礼教。为了表达离婚的"浪漫"，为此还专门创作了一首诗。诗是这样写的：

这烦恼结，是谁家扭得水尖儿难透？这个千缕万缕烦恼结是谁家忍心机织？这结里有多少泪痕血迹，应化沈碧！

忠孝节义——咳！忠者节义谢你维系四千年史缕不绝，

却不过把人道灵魂磨成粉屑，

黄海不潮，昆仑叹息，

四万万生灵，心死神灭，中原鬼泣！咳，忠孝节义！

……

如何！毕竟解散、烦恼难结，烦恼苦结。

来，如此放开容颜喜笑，握手相劳；

此去清风白日，自由道风景好。

听身后一片声欢，争道解散了结儿，消除了烦恼！

我们总喜欢为每段感情找一个美丽的借口，然后仓皇而逃。徐志摩也是，他把"忠孝节义"，中华四千年史骂了一遍。对于当时接受西方新式思想的人而言，这首诗写得深刻，值得反省。西方思想把人性解放了，人们去欢呼了，烦恼全部消除了。但对于像张幼仪这样的女人而言，却是无比沉痛的，是一生中永远无法抹去的伤痛。当一些人高呼心灵"解放"时，世界仿佛听不见另一些人的心碎。

徐志摩与张幼仪离婚的消息，传遍了国内的各个角落。提到所谓的"新思想"，张幼仪只能勉强一笑。什么新与旧，她对这样的标签，完全不感兴趣。

人生几多伤痛，几多无奈，几多不舍，幸好，我们虽然做不到不留遗憾，但至少做到了活得心安，时间是这个世上最致命的毒药，有时也是最有效的解药，曾经那个将头低到尘埃里的女人，到底是站起来了。

第五章　明暗·在绝望深谷照亮自己

1.是结束，也是开始

　　感情之所以惨淡，是因为一个人在乞求，另一个却不愿施舍。如果说人生中，哀莫过于心死。那么在感情中，哀莫过于爱上一个自己不该爱的人。张幼仪本就是传统式的老派女子，"其人线条甚美，雅爱淡妆，沉默寡言，举止端庄，秀外慧中"，三从四德是她的根本，纲常伦理是她的灵魂，偏偏这样的女子却遇上了"新式"的徐志摩。他要做那第一个离婚的男子，却将张幼仪逼迫成了第一个离婚的女人。徐志摩以情诗动人，他的诗越美丽对张幼仪就越是残忍，他越是懂得美丽对张幼仪就越是无情。两人之间的爱情就像织毛衣，建立时一针一线，千辛万苦，拆除时只需轻轻一拉，曾经的海誓山盟就瞬间崩塌，最可悲的，徐张二人间连那"一针一线"的爱情都不曾存在过，有的只是一纸婚书下的空架子，经不起一点波浪，轻轻一吹便烟消云散。

一无所有，一无所惧：张幼仪传

　　徐志摩发了离婚通告，引发舆论哗然，张幼仪却无心再去关注。她已经为过去的情感画上句号，并且此时将所有心思都放到了如何在异国他乡生存和养活幼子身上。不过，徐志摩的高调，却在国内引发了一场家庭"战争"。

　　徐家二老一直把张幼仪视为自己的女儿，如今徐志摩竟然擅自做主与张幼仪离婚，无论如何他们都觉得难以接受，徐申如告诉徐志摩，如果张幼仪无法做他的儿媳，徐家就要收养她为义女。张幼仪一直没有与徐家二老断了联系，当听说两人离婚以后，徐母就曾经给她写过信让她回国，张幼仪不愿就这样不明不白地回去，她还没找到自己，她还没独立，她还没改变，她不能回去，那样是一种认输。徐母在信中还提到要收她为干女儿，张幼仪没有回答。这是她第一次明白当初徐志摩托黄子美来说的那句"做徐家的儿媳妇，而不做徐志摩的太太"，这样的承诺是自己含辛茹苦照顾二老换来的，是自己用两个儿子换来的，这样的承诺出自善意，却让她觉得无比地寒冷。最后，她还是回信给徐母说："我不能回去，我会觉得别扭。"

　　张幼仪带着几个月大的儿子离开了汉堡，搬到了柏林。她虽然生过阿欢，但在徐家是少奶奶，照顾孩子的事情有专门的

第五章　明暗·在绝望深谷照亮自己

保姆。如今的她并没有照顾新生婴儿的经验，于是，她找了一位朋友帮忙照顾儿子彼得，这位朋友就是朵拉。此时第一次世界大战刚刚结束不久，德国的货币正在贬值，徐家二老寄来的二百元美金还能让她维持不错的生活。

朵拉大张幼仪十几岁，是一个地道的淑女，有着一颗善良的心。她与二哥是大学同学，也是二哥最为信任的朋友。有了这层关系，加上朵拉对张幼仪身世背景的了解，她们两个人很快成了好朋友。张幼仪有什么心里话，都会向朵拉倾诉，而朵拉像爱自己的孩子一样爱着彼得。眼下的问题算是解决了，不过未来怎么办？她不可能靠徐家的二百元美金过一辈子，她必须要有自己养活自己的能力，像国外的女子一样能出门工作，靠薪水过上体面的生活。于是，她想到了读书。

她知道，知识才是最好的武装。

在国外生存，语言是第一关。朵拉为张幼仪找到一位德文老师，补习了几个月，总算打下了一些基础。能够听懂德文后，张幼仪着手准备上学的事，申请到了裴斯塔洛奇学院的通知书。这是一所师范类学校，在所有的专业中，张幼仪只能报名幼儿园老师这个专业，因为这个专业对语言的要求最低。

张幼仪曾经的理想，就是当一名老师。在德国，她接触到了最前沿的幼儿教育，那几乎与国内的教育理念截然不同。孩子是教育的主体，老师们一定要观察孩子的言行，并根据孩子的特点分别指导。每位孩子都是独特的，每位老师也都有自己的特色。在这个过程中，张幼仪好像重走了一遍人生，很多理念有了颠覆性的改变。

在学校里，张幼仪从不遮掩自己离婚的事实，其他女生知道后也从不去用异样的眼光看她，只是每当有需要的时候，她们都会尽最大的力量帮助这个"单身妈妈"。每当张幼仪去学校上课的时候，朵拉就负责照顾彼得。然后再将彼得当天里发生的好玩的事与张幼仪分享。那时，张幼仪已经是半个老师，她对彼得的教育和方式方法，早已与教育阿欢不同。这个过程中，她时常回想起小时候自己接受的教育，努力在心底擦去那些痕迹。

她和朵拉辗转过几处居所，在几次搬家中，张幼仪与朵拉的感情越来越深厚。日子久了，两个女人带着一个孩子住在一起，房东心里难免会多了一些顾虑。如果是被男人甩掉的两个女人，那么不得不考虑她们是否付得起房租。在这种情形下，张幼仪不得不向房东说谎话。她告诉房东，她的家人很有钱，自己享有中国政府提供的奖学金在国外留学。

第五章　明暗·在绝望深谷照亮自己

张幼仪从不向朵拉隐瞒自己的身世和故事。开始时，朵拉并没有与张幼仪提及过自己的隐私，因为她所受的文化使得她不愿意轻易向人倾诉。随着两人关系越来越近，她也渐渐卸下心防，分享自己的无奈。

这位大龄未婚的女子，内心也埋藏着伤心往事。她曾有一个青梅竹马的男朋友，彼此倾慕，年少时已暗暗私订终身。在朵拉的心里，那就是她一定会嫁的男子。后来，男友的家人去异地做生意，她的男朋友也离开。朵拉觉得距离并不会将他们冲散，所以死守着承诺，等待他的归来。

就像大多数故事讲述的那样，有一天消息传来，他已经成为别人的新郎。朵拉心如刀割，这么多年也没有再爱上其他男子，一转眼，就错过了花样年华，成了别人眼中的剩女。

张幼仪为朵拉流着眼泪。原来，恋爱自由不自由，都逃不过分离与背叛。她们年龄不同，背景不同，经历的事也不同，但也仿佛有着类似的心境，是同样的痴心人。她劝说朵拉，至少她没有嫁给一个不爱自己的人，一个年轻的母亲独自带着儿子在国外漂泊，才是真正的悲哀可怜。

张幼仪有时也会想，不知道徐志摩是否得到了那位林小姐的心。她不知道，远方的徐志摩为了爱情抛弃了她，但并没有因而得到自己心爱的女人。

当梁启超看到徐志摩发的离婚通告，写长信阻止他离婚。但为时已晚，他与张幼仪已经签完离婚文件。

而张幼仪的苦难并没有终结，刚刚掌舵了自己生活的她再次迎来了重击，有史以来最大的打击——上帝带走了她的儿子彼得。

2.所有成长都是残酷的

人生中总会有某个瞬间，以为自己长大了。当命运的罗盘继续转动，再经历一些事，才发现原来成熟不是某一处人生的节点，而是运动着的常态。归根结底，成熟是被逼出来的，逼着人们与苦难和挫折面对面，友好相处。花开花谢，潮起潮落，到头来发现，生活，不过是一个人的坚强。

离婚后的张幼仪，试图与过去的自己割离，她到处结交朋友，来丰富自己的生活，有好几次，她甚至尝试与中国的留学生一起外出游玩，这可是以前的她想都不敢想的。但即便如此，听着他们嘴里讲的中文，张幼仪依然觉得不懂，自己与他们之间宛如横了一条巨大的鸿沟，太多的内容是张幼仪听都没听过的，即便她再怎么努力地融入，依然感觉十分吃力。

张幼仪这样传统的中国女性，因为离婚而成了他人眼中的新潮人物。这种定位并非她的本愿，如果一切重新开始，她还是想做一个有家、有爱人陪在身边的女人。更何况，当时徐志摩写的那封离婚通告"并非属实"，张幼仪成为新潮人物也是徐志摩的"功劳"。

这样的张幼仪，一直被动地翻滚在命运的旋涡里。即使新的爱情在悄悄萌芽，新的机会在轻轻敲门，她还是胆小地拒绝了它。

在张幼仪结交的朋友中，认识了一位叫作卢家仁的男士。与其他朋友不同，他对张幼仪的态度更为积极。他每个星期都会来看望张幼仪，并陪着彼得玩一会儿。从前，张幼仪没有接触过除了徐志摩以外的男子，她甚至不懂得这样的男士频繁接触她，是因为喜欢她。她傻傻地认为，他是因为彼得才经常来的。直到有一天，卢家仁装作无意地询问"你打不打算再结婚？"，她才恍然他对自己似乎比较特别。

一无所有，一无所惧：张幼仪传

没有哪个女子不渴望爱情，只是她不敢接受。她刚刚从一段纷乱的关系中走出来，心却还留在那片阴霾的天空下，身上依旧背负着沉重的精神包袱。她对这个男人说："不，我没这个打算。"这句话让卢家仁失望了，从那天起，他消失在张幼仪的生命中。

回忆起这段往事，张幼仪说："四哥写信告诉我，为了留住张家的颜面，我在未来五年里，都不能让别人看见我和某个男人同进同出，要不别人会以为徐志摩和我离婚是因为我不守妇道。"张幼仪始终伸出一只手去触碰新潮，但无奈身后总有另一只手将她拖进传统。她有太多的东西放不下，首当其冲的就是小儿子彼得和远在中国自己从没照顾过的阿欢，他们是她永远割舍不掉的羁绊，她必须考虑他们。

没了"爱情"，张幼仪便把全部的心思都投入彼得身上。彼得从小喜欢音乐，特别是贝多芬和格瓦纳的交响乐。听到这些旋律他就兴奋得手舞足蹈，张幼仪发现了儿子的这一天赋后，特意给彼得买了指挥棒。

如果彼得哭闹起来，张幼仪只要打开收音机，里面传出音乐，他就会恢复平静。最让张幼仪开心的是，此时他们隔壁正住着一位钢琴家。只要钢琴家演奏曲子，朵拉就会带着彼得到钢琴家门口欣赏音乐。可以说，她对彼得的依赖和爱，更胜远在国内的阿欢。

这个曾经徐志摩想要打掉的孩子，他一生下来父亲就离开了他。张幼仪希望把更多的爱倾注于他。

但是彼得的健康状况令张幼仪很担忧，小小的年纪就疾病缠身，这让张幼仪尝到了比离婚要难受一百倍的痛。当时张幼仪选择留在德国，一部分原因是不想承受国人的风言风语，另外她还希望在国外能够读书学习，彻底摆脱中国的封建礼教。所以她每天去学校上课，没有坚持给彼得母乳喂养。朵拉每天定时给彼得喂食牛奶，这是很多家庭都会选择的做法，她们并没觉得有什么不妥。时光不能倒流，她们谁也没有想到牛奶能要了彼得的命。

身为一个母亲，孩子身体遭受病痛的折磨，她宁愿那痛苦是发生在自己身上。更何况，彼得还不满一岁。彼得最初生病的时候，只是腹泻。腹泻对于婴儿来讲，是常见的疾病，直到开始不时出现呼吸困难的症状。张幼仪和朵拉带着彼得去检查病情，可是当时的医疗条件，医生也查不出什么病因。

在中国老家，孩子也经常会得各种杂病，不是发烧，就是腹泻，这并不值得大惊小怪。此时，她希望彼得能与普通孩子一样，靠身体机能自愈。她甚至想，孩子还小，年龄长大一些，身体再强壮一些，或许这种病就不会再发生。

然而，现实总是残酷的，彼得一岁半的时候，病症不仅没有缓解，反而加重了。她们带着彼得再次来到医院，通过检查发现彼得的小肠里有一条寄生虫，虫子寄生在肠子与皮肤中间。

医生说，感染这种病情是因为喝了不新鲜的牛奶。当时，德国的医疗技术并不能将虫子杀死。除非他们去瑞士，那里有一家医疗条件不错的医院，不过诊费相当昂贵。至于能否让彼得完全康复，医生也不得而知。

张幼仪的心情跌到低谷，她十分自责，如果她能像喂养阿欢那样用母乳喂养彼得，他一定不会得这种病。她无法想象失去自己儿子的情形，这种痛让她想到了小时候裹脚之痛。那种痛虽然撕心裂肺，却只是痛在表皮，但这种痛却是深入骨髓。张幼仪一直以为通过离婚的事，自己已经练就一身铜墙铁壁，可现在才发现她依旧如此脆弱。

她打听了去瑞士的费用，那是她所无力承担的。救儿心切，她想到了远方的徐家二老。她将彼得的病情告诉了他们，还说了想去瑞士看病。然而，徐家并没有给她去瑞士的钱，而是无可奈何地告诉她，他们的钱也不够送彼得到瑞士看病。就这样，她最后一根救命稻草也没了，没钱治病，只能看着彼得一天又一天地承受着病痛的折磨。彼得到了两岁时，呼吸越来越困难，睡觉都变得很困难。再后来，彼得已经无法进食任何食物，连吞咽都成了问题。

彼得肚子疼得无法入睡，整夜痛苦尖叫。张幼仪看着儿子承受着痛苦，却不能帮他分担一丝一毫。1925年3月9日，还差不到一个月就能过三岁生日的彼得永远地离开了张幼仪。或许孩子真是上天赐给夫妻的礼物，当他感觉自己送出的礼物并没有得到应有的疼爱时，他便会将它掠去。

彼得的离去，仿佛将张幼仪的整个身体都掏空，就连大脑都被抽空了。她不希望自己有一点意识，她不愿意接受彼得已经离开自己的事实。她和朵拉没有眼泪，也不想吃饭，做什么事情都显得多余。暂时的"真空"状态没有保持多久，彼得离去的事实就开始像个小针一样，扎开了"真空"的气球，极度悲伤的情绪不断涌向心头，张幼仪终于忍不住了，还是失声痛哭起来。什么坚强与勇气，其实都是骗人的。唯有脆弱与痛苦，才是最真实的。

张幼仪为彼得办了一场小小的葬礼。火葬的那一刻，她感觉自己身体里的某一部分仿佛被掏空了。她很希望这一切都是一场梦，可是眼泪是那样冰冷，划过皮肤时也凌迟着内心。对于她这样的旧式女子，连火葬都是一件残酷的事物，可她唯有如此，才能带着她小小的彼得，回到故土。

无法接受彼得离世的还有朵拉。她与这个孩子朝夕相处，像亲生骨肉一般。朵拉未婚，一直把所有的情感都寄托在彼得身上。

彼得的离去，让朵拉变成了一具"行尸走肉"。办完彼得的葬礼，她就回到了维也纳老家，从此再也没与张幼仪联系。直到多年后，张幼仪接到朵拉去世的消息。那时，朵拉因失去彼得伤心过度，此后患上了严重的肺病，终日郁郁寡欢无心治疗，直到撒手离开了这个世界。

张幼仪逐渐明白，并不是所有的伤痛都能让人成长。也不是所有的成长，都能让人变得坚强。有些人，会因受到打击而变得脆弱不堪。可是，人只有不屈服才能有希望，才能有机会把失去的再赢回来。经历过磨难的她当然知道，只要人还活着，就不能永远脆弱下去，要面对现实。比如，她要把彼得去世的消息告诉徐家二老，告诉徐志摩。

拜伦曾说：若我会见到你，事隔经年。我如何和你招呼，以眼泪，以沉默。张幼仪大约也不会想到，她再次见到徐志摩会是因为儿子去世。彼得死后一个星期，徐志摩突然出现在她的面前。再次见他，他还是那个翩翩公子，而她再也不是曾经的张幼仪。

徐志摩抱着彼得的骨灰放声痛哭，把一个父亲应有的悲痛展现得淋漓尽致。张幼仪想起曾经徐志摩要她打掉孩子的冷漠，现在又看到徐志摩失子的痛心，她才突然明白人心到底是柔软的。

她向悲痛中的徐志摩伸出安慰的手，希望他接受彼得离世的事实。那段时间，她千方百计地陪着他，尽量让他从彼得的悲痛中走出来。离婚的三年里，她与他不是没有联系，她也经常给他讲彼得的故事，徐志摩知道彼得是一个喜欢音乐的孩子。

张幼仪记得徐志摩去医院看彼得的时候，徐志摩问张幼仪："彼得怎么不爱哭啊？"张幼仪回答他说："也许他知道哭也没什么用吧。"此时的张幼仪，让徐志摩刮目相看。三年的时光，让她变成了一个成熟的女人。就像他给陆小曼的信件中写的那样："她是个有志气、有胆量的女子……"

唯有伤痛方能使人清醒，在与徐志摩相处的这段时间里，张幼仪突然发现，她对他原来已经没那么多恨了。与失去儿子相比，爱情失败又算得了什么呢？之前她什么都怕，什么都在乎，谁也不敢得罪，可失去了婚姻和儿子以后，她还留下什么呢？过去的，就过去吧。一生很短，人人都在向死亡一步步迈进。不管明天是山是水，还是荆棘丛生，心一横，往前走就是了，世界坍塌又如何，大不了在废墟和尘埃之中再重建一个天地。

至此，张幼仪算是真真切切地明白了，看过了爱情、看过了亲情、看过了众生，到头来什么都没有自己重要，那些不为人知的困苦，那些难以承受的苦难，那些淬水炼剑的日子，到最后不过是她过去经历的墓志铭，是她凤凰涅槃前最后的挣扎。

3.一无所有，一无所惧

彼得离开后，张幼仪成了一个"一无所有"的人。像刚刚蝉蜕后的蝉，外面坚硬的壳被剥离得一点不剩。那时，她以为这是一种失去，后来她才知道这是一种蜕变。所有的经历，都是为了让她今后越来越美好。当一个人"一无所有"的时候，她才能懂得真正为自己而活，带着痛的记忆展翅高飞。

张幼仪的坚强，徐志摩看在眼里，他也体会到了那种痛，或许那是上帝对他年少轻狂的一记耳光，他生平第一次感到了懊悔。

失去彼得的徐志摩用一段话表达了自己的心情。他说：你的父亲，觉着心里有一个尖锐的刺痛，我才初次明白曾经有一点血肉从我自己的生命里分出，这才觉着父性的爱像泉眼似的在性灵里汩汩地流出，只可惜是迟了，这慈爱的甘液不能救活已经萎折了的鲜花。

这个男人，张幼仪终于读懂了一点点。其实他也是苦的，遇到一段被逼无奈的婚姻，所以以名声换得自由，自认为找到一位灵魂伴侣，却成了别人的太太。如果张幼仪的前半生充满坎坷，徐志摩的一生，也同样是荆棘丛生。如果说张幼仪是封建伦理下的受害者，那徐志摩又何尝不是一个悲催的牺牲品。恩断义绝不假，另觅新欢也不假，但那不也是真情流露的无奈结果，孰是孰非，你我不知，徐志摩、张幼仪更是不知，渣男也好，苦女也罢，都是"情"的奴隶，"爱"的附庸。

后来，徐志摩因为意外告别人间。他的儿子徐积锴也说：

一无所有，一无所惧：张幼仪传

"我觉得，我父亲命太苦！"大概徐志摩一生中的三个女人，只有张幼仪最懂他吧。徐志摩在世的时候，每次生活拮据，她都会出手帮他。陆小曼炒股票欠了一千三百多元钱，她也毫不吝啬地把自己的钱拿出来；徐志摩衣服破了，她就去给他做新衣服。以至于徐志摩离世以后，她还为徐家二老送终，并帮助徐志摩的妻子陆小曼。

当人们问张幼仪，如何评价陆小曼对徐志摩的爱情时，张幼仪说："人们说陆小曼爱他，可我看她在他死后的作为（拒绝认领遗体）后，我不认为那叫爱，爱代表善尽责任，履行义务。"所以她才会说出那句："在他一辈子遇到的几个女人里面，说不定我最爱他。"

彼得的离去，让徐志摩对张幼仪无端地关怀起来，他改掉以往冷漠的态度，提出与张幼仪去意大利度假。两个人终于有了"共同语言"，他们都是丧子的父母。张幼仪觉得这个建议不错。她虽然表面看起来风平浪静，其实也不过是假装坚强。如果这次旅行能让他们从失去爱子的痛苦中解脱出来，那也不失为一个不错的办法。

曾经张幼仪无数次幻想，如果徐志摩能正眼看自己，他们能像普通夫妻那样相处，该多好。做夫妻的时候，他们从来

第五章　明暗·在绝望深谷照亮自己

没有一同旅行。没想到离婚以后，两个人却能平静地相处。不过，这次旅行并不是只有他们两个人，还有徐志摩的好朋友泰勒姐妹。

虽然说是一起旅行，不过大多时候她都是和那两个姐妹在一起的，徐志摩始终处于焦灼不安中，他不是收发信件，就是一个人望着某处的风景发呆。一开始张幼仪并没理会，觉得他是还没从失去儿子的伤痛中走出来。不过，如果猜测不错，徐志摩应该又恋爱了。

对于张幼仪来说，旅行是为了从失去爱子的痛苦中解脱出来。对于徐志摩来说，则是一种逃避。

没错，他又恋爱了。

徐志摩爱上的女子是国内名媛陆小曼，她的丈夫是哈尔滨警察厅厅长王赓，曾经是徐志摩的好朋友。徐志摩"夺人妻"后，王赓怒不可遏，扬言说要杀死徐志摩。徐志摩没办法，只好在国外躲一躲。

张幼仪怕徐志摩伤心难过，陪他看歌剧《茶花女》，陪他听音乐会，陪他去巴黎、威尼斯、罗马等地旅行。她尽量给他亲情上的温暖，抚慰他心灵上的伤口。却让她没想到的是，自己再一次"会错了意"。不过，这一次她再也没有像往常那样伤心难过。后来，她跟徐志摩说，她认命，这世间就是忍一口气风平浪静，退一步海阔天空，心很痛的时候，忍一忍，万事都能消除。

这大概才是张幼仪最后的蜕变吧。自从失去儿子以后，她变成了一个独立而无所畏惧的人。她明白，只能靠自己站起来，除此之外，没人能帮得了她。如果徐志摩追求的是缥缈的爱情，那张幼仪永远只活在当下。她读书、学德文，努力地让自己融入这个世界，并不是为了要证明给他看，他的放弃有多不值，而是证明给自己看，自己没有那样糟糕。她没有虚无缥缈的浪漫主义，干的也都是实打实的事情。按照凌淑华的说法，张幼仪文采不如张爱玲、冰心，甚至写个小稿子都比不上陆小曼。她没有什么风花雪月的"绯闻"，一般说起她，就是徐志摩的前妻。可是她的人生不比才华，比的是谁能脚踏实地地活着。

很多年后，她六十七岁，和第二任丈夫苏季之故地重游时，无限感慨地说："难以想象自己曾经这么年轻、这样执着、这样勇敢过。一个人连自己都被自己感动的时候，生命沉甸甸的，这才是应该了无遗憾的人生吧。"

是的，人生不仅要展翅翱翔，还要像沉甸甸的谷穗。谷子的生命力极强。据说，从深埋地下几百年的古墓中挖掘出来的谷子，种到土地里依然能够发芽。无论把它种在旱地，还是贫瘠的土地，它都能拼命生长。这多像张幼仪，只要给她一片土地，不管她经历什么都能顽强地活下去。

后来，张幼仪又得知，徐志摩此次来处理彼得的丧事，也并完全出自他的本意。徐家二老知道孙子彼得去世后，担心张幼仪想不开，他们强逼着徐志摩来探望她，并能好好地陪陪她。所以，徐志摩才会提出旅行，但在这段旅行中到底谁陪谁更多，大概只有当事人知道。

任何事在生死面前都显得无足轻重，一切都不重要了。徐志摩在张幼仪的世界中，已经是如烟往事轻轻划过，再也不是那个视如生命的男子。

徐志摩陪伴了张幼仪五个月，这竟然是他们自结婚以来，两个人相处得最长的一段时间。后来，胡适给徐志摩发来电报，告诉他王赓改变了主意，同意与陆小曼离婚，并且已经放下对徐志摩的仇恨，决定不再追杀他。

徐志摩看到这封电报，迫不及待地登上了飞往中国的飞机，去追求他的爱情了。张幼仪带着彼得的骨灰，从柏林搬到了汉堡，她要继续完成接下来的学业。可是，这一次她失去了那种劲头，之前她的刻苦学习，不就是为了能够有份工作，养活自己和孩子吗？现在孩子已经没了，唯一的朋友朵拉也离开了，就连二哥都回国了，她一个人在这里无所依傍。

千里之外的故土，仿佛在向她招手。张幼仪有了回国的想法。虽然她依旧隐约担心有人说闲话，担心自己的姿态像一个失败者。可是当一个人历尽千帆，还不能正视内心真实的渴望与召唤，也是一种懦弱吧。在这样的关口，徐家二老给了她一个最好的理由，让她回国"帮"他们做一件事。

那时，陆小曼已经离婚，可双方父母并不同意他们结婚。徐志摩的父母说，如果得不到张幼仪的亲口承认，他们不允许陆小曼成为徐太太。老两口让张幼仪借助这个机会回国。一方面说明徐家重视张幼仪；另一方面要她亲口告诉世人，她已经摆脱了徐志摩妻子的阴影。

从迁至欧洲到回归中国，张幼仪这一路经历了太多太多。她失去婚姻，失去爱子，失去大把青春……之前，她在灾难面前不是没哭过，只是她知道她要笑着去迎接回国后的一切。

4.告别曾经的卑微

在淡淡的时光里，覆着铜绿的思绪一遍遍挥洒，一次又一次痛苦，一次又一次蜕变，她早已不是原来的自己。当张幼仪回望曾经，那些记忆深深浅浅，很多片断她竟然有些陌生。这就如同她的蜕变，经历过这些，她已经成长为另一个人了。

八弟陪着张幼仪回到国内，刚踏上故乡的土地，一种陌生的气息就迎面而来，张家早已经从南翔小院搬到了上海的一所房子里。兄弟姐妹十二个，嫁人的嫁人，留学的留学。再次见到父母她才发现，原来岁月不仅改变了自己，还悄悄改变了父母的脸庞和发丝，他们都老去了。

回国前，张幼仪一直担心父亲会责骂她，因为父亲一向把家族荣耀看得比生命还重要。如今，她已经离婚，很害怕父亲将她扫地出门，认为她丢尽了张家的脸面。可是，她的担心是多余的。张父没有对张幼仪说一句难听的话，他甚至担心女儿，不住地询问张幼仪在国外的生活状况，直到他确认张幼仪并没有因为种种打击而变得一蹶不振才放下心来。无论是张幼仪还是张父张母，极有默契地将"离婚"这个事实抛在了脑后，谁也不曾提起，仿佛张幼仪只是出国玩了一段时间，虽然这时间长得仿佛已经过了千山万水，但至少人是回来了。

在家里待了一会儿，张幼仪就往徐家走去。此时的徐家再也不是她的家。当她重新踏入徐家时，有一种恍如隔世的感觉。她见到徐家二老，一时间不知该如何称呼。虽然在她回国之前，婆婆不止一次地在信中真诚表达："可你还是我们的儿媳妇，我们想收你当干女儿。"但毕竟，她已经与徐志摩离了婚，爹和娘是再没办法叫出口的。

徐家，承载着她青春的全部记忆。她在这个家里做鞋，生阿欢，等待着徐志摩的一个又一个日夜……那时的她，卑微而守旧，没有自我，也没有未来。如今，她早已不是当初。此次前来，只是因为徐家二老要与她商量徐志摩与陆小曼的事。

徐志摩与陆小曼的全部故事，在她面前缓缓铺开。

陆小曼是国内著名的交际花，生活奢华，经常出入社交场合。她的父亲叫陆建三，是中国早期的日本留学生，北洋政府时期在财政部当过赋税司司长。陆小曼从小受到了很好的教育，少女时代在北平的法国圣心学堂念书，是学校的"校园皇后"，并且家里还为她专门请了英国女教师教她英文。她在十七八岁的时候，就已经是北平社界的名媛了，不少外交场合

第五章　明暗·在绝望深谷照亮自己

都会邀请她出席。

徐志摩与陆小曼相遇时，她已经是哈尔滨警察厅厅长王赓的妻子。王赓长相俊朗，清华大学毕业后，又在美国普林斯顿大学和西点军校读过书，会讲英语、德语和法语。王赓认为事业高过一切，他不愿意每天儿女情长，而是将全部心思放到了工作上。当他成为哈尔滨警察厅厅长时，开始与陆小曼长期两地分居。陆小曼不喜欢哈尔滨的人间烟火气，独自一人留在了北平。

王赓离开北平前，把妻子陆小曼托付给好友徐志摩，希望徐志摩能帮助他照顾自己的妻子。可谁也没有想到，这一照顾倒将陆小曼"照顾"成了徐志摩的"心上人"。

那时，徐志摩刚从失去林徽因的痛苦中抽离不久，遇到陆小曼后，他在她身上看到了与林徽因完全不同的美。他陪她参加各种宴会，还一同演过话剧《春香闹学》。徐志摩演老爷，陆小曼演丫头，两个眉来眼去，情愫暗生。时间一长，陆小曼觉得徐志摩更懂自己，而徐志摩也认为陆小曼与众不同。于是，两个人变成了干柴烈火，再也无法浇灭。

俗话说，"朋友妻，不可欺"，徐志摩给王赓戴了这么大的绿帽子，王赓得知后怒不可遏，扬言要杀死徐志摩。徐志摩当时也是没办法，又听闻儿子彼得去世，方才"逃"到了国外。在国外的时候，徐志摩给陆小曼写信，信中写道：我的肝肠寸寸地断了。今晚再不好好地给你写一封信，再不把我的心给你看，我就不配受你的爱……你的爱，隔着万里路的灵犀一点，简直是我的命水，全世界所有的宝贝买不到这一点不朽的精诚。

那时，张幼仪虽然人在国外，没有见到过陆小曼，但她却听说过陆小曼的大名。她的名字经常出现在报纸上，她不仅擅长文学，还懂绘画，并且还是一位外交人才。胡适评价她是北平城一道不可不看的风景。徐志摩到底是喜欢有才华，风情万种的女子。这很好，在她与徐志摩离婚的时候，她就跟他说过："你去给自己找个更好的太太吧。"如果他觉得她好，她又为什么不祝福呢？

徐志摩与陆小曼相遇时，她只有二十岁。她不仅青春靓丽，婚姻生活还毫无情趣，徐志摩出现得最是时候。

虽然两个人的爱情是炙热的，但两边的老人却让两位年轻人为难。他们都不同意两个人的结合，提出必须让张幼仪亲自出面。因为在两家老人眼中，张幼仪不可能亲自出面坦诚自己被抛弃了，并且给情敌一个认真的答复。他们万万没想到的是，张幼仪愿意成全一切。

坐在徐家的客厅，徐申如问她："你和我儿子离婚是真的吗？"张幼仪心情极为复杂，不想用太多的语言回答这样的问题，只能用两个字"是的"作为回答。不管老人如何失望，她与徐志摩已经签署了离婚文件。在法律上，他们早已不是夫妻。不过，徐申如并没有就此罢休，他甚至想着如果她说"不同意"，他甚至能让他们再次"复合"。

他问张幼仪："那你反不反对他同陆小曼结婚？"

张幼仪摇头："不反对。"

话音落地，她在徐家二老的脸上看到了失望。可那回答是发自她内心的，此时她只想全身而退，不再纠缠于往事之中。

当她说出"不反对"时，徐志摩听完高兴得从椅子上跳起来。张开双臂大声欢呼。有句话叫"得意忘形"。徐志摩得意没一会儿，就被惊恐代替。估计是因为用力太猛，他手上的玉戒指一下子从窗口飞了出去。他飞快地狂奔到楼下，与家中用人一起找这枚戒指，最终也没有找到。没了戒指，倒也没影响他们的婚礼。张幼仪为此还担心过许久，总觉得自己同意他们结婚这个节骨眼上，戒指就丢了，不吉利。

徐志摩的婚礼给张幼仪发去了请帖，张幼仪没有参加，又有哪个女人能大度到在前夫的婚礼上笑脸相迎呢？徐志摩的婚礼上，梁启超作为徐志摩的恩师，担任了婚礼的证婚人，他的证婚词带着反对的意味，他说："我来是为了讲几句不中听的话，好让社会上知道这样的恶例不足取法。志摩、小曼皆为过来人，希望勿再做过来人。徐志摩！你这个人性情浮躁，所以在学问方面没有成就，你这个人用情不专，以致离婚再娶……陆小曼！你要认真做人，你要尽妇道之职。你今后不可以妨害徐志摩事业……你们两人都是过来人，离婚又重新结婚，都是用情不专。以后要痛自悔悟，重新做人！总之，我希望这是你们两个人这辈子最后一次结婚。这就是我对你们的祝贺，我说完了。"

梁启超的证婚词明着骂徐志摩，但实则是看不惯陆小曼。他第二天给梁思成和林徽因的信中说："徐志摩这个人其实很聪明，我爱他，不过这次看着他陷于灭顶，还想救他出来，我也有一番苦心，老朋友们对于他这番举动无不深恶痛绝，我想他若从此见摈于社会，固然自作自受，无可怨恨，但觉得这个人太可惜了，或者竟弄到自杀，我又看着他找得这样一个人做伴侣，怕他将来痛苦更无限，所以对于那个人当头一棍，盼望他能有觉悟（但恐很难），免得将来把徐志摩弄死，但恐不过是我极痴的婆心便了。"

事实证明，梁启超的担心是对的。因为他们婚后两年的生活，便严重出现了滑铁卢。郁达夫和王映霞夫妇见过他们两人在上海的住处。王映霞说："他们家上上下下十四五个用人，还有私家汽车，光租房子的费用就一百大洋，是我们小半个月的开销。"

那时，徐志摩在光华、中央大学等多所大学教书，加上报纸的稿费，以及徐家二老的支持，加起来每月总共有五六百元的收入，但这对于奢华惯了的陆小曼来说，仍然入不敷出，徐志摩只好疲于奔命。无奈之时，徐志摩也向张幼仪伸过手。

那时的张幼仪仅仅用了两年的时间，就已经发生了巨大的变化。这些变化人人都看在眼里，她如今再也不是那个卑微，没有主见，不敢说话的她。此时的她，早已百毒不侵、刀枪不入了。那时，她因为是云裳服装公司的总经理，引领着最时尚的上海滩。

此时的张幼仪在任何人的生命里，都不再是一个依附他人的女人。她已经成为一个可以让别人依附的大树，这里的别人也包括徐志摩。

张幼仪的骨子旦是传统的，尽管徐志摩与她再无关系，但念在"一日夫妻百日恩"的情分上，她依然愿意出手帮他，甚至帮他照顾徐家二老。在徐志摩的生命里，她从来都不是他的妻子。但对于张幼仪而言，她一直把自己当作徐家的人。

人生的尊严是自己打拼出来的，是需要用实力说话的。女人的容貌随着时间，会像花朵一样凋谢，可有种红颜永远不老，那就是懂得自立、自强、自尊、自爱的女人。她不靠容貌，她靠的是自己的双手。如此，她比任何诗人都浪漫，因为每一个平凡的日子对她而言，都是诗歌。

第六章　起落·飞出泥淖，舞出传奇

1.开始新的人生

对于徐志摩和陆小曼的婚姻，徐家二老并不赞同，为了给他们出难题，在徐志摩结婚之前，徐申如给徐志摩下了三条规矩：第一，婚费自理；第二，证婚人必须由梁启超来担任；第三，与陆小曼结婚之后，必须住在硖石。

当时的徐志摩，一心想要冲破世俗与陆小曼厮守终身，答应了徐申如所有的要求。原本这件事与张幼仪并无关系，但是此时张幼仪还住在徐家，她本打算在硖石附近租一间房，在那里开办一所女子学校，专门教年轻的女孩子学习文化。可是，当徐志摩与陆小曼结婚后，她越发觉得自己像个"外人"。如今的她，再也不是徐家人了，她必须离开。

张幼仪从国外回来，徐家的亲戚朋友以及邻居们都少不了问她一些关于离婚的事。无论她若无其事，还是认真回答，对方脸上都会浮现出一丝怜悯。如果仅仅是关心离婚的事，她尚且不在意，最重要的是，她不愿意每天有人提起小儿子彼得。失去子女，是每个母亲一生无法忘记的痛。可能她内心的伤口已经抚平，但那道伤疤却永远存在，怎样都不会再愈合了。

张幼仪遵从徐家二老的要求，在徐家住了一段时间。当她看到阿欢时，她内心又重新燃起了新的梦想——带走阿欢。

张幼仪出国时，阿欢才三岁。而她的小儿子彼得，不到三岁便去世。如果她的彼得还活着，他见到阿欢一定会开心地叫他哥哥。可惜，这一切只是她的幻想，她的彼得再也不会回来了。

张幼仪再见阿欢，他已经八岁了。在阿欢身上，她看到了徐志摩所有的印记：皮肤白皙，清瘦羸弱，斯斯文文。看他的样子就知道，她在国外的这几年，徐家二老一直拿他当宝贝宠着。

事实确实如此，徐家二老也给他提供了一流的教育环境，势要把他培养成"徐志摩第二"。除此之外，让张幼仪没想到的是，阿欢从小就被过度宠溺，就连穿衣服都由用人帮忙。一天趁着老太太和用人都没瞧见的时候，张幼仪让阿欢把嘴巴打开给她看看牙齿。这一看不要紧，吓了张幼仪一跳，大部分的牙都蛀坏了。徐家二老从不舍得让阿欢不高兴，下头的仆人更是对阿欢唯命是从，阿欢喜欢吃糖，他们便由着他吃，牙齿吃坏了他们也并不觉得怎样。

在国外受过教育的张幼仪，深知宠溺带来的危害。加上她自己的人生经验，她知道，一个人活在世上，必须要学会自立。一个连衣服也不会穿的少爷，终将一事无成。如果她在国外的经验和积累不能用来教育自己的儿子，那苦难还有什么意义？那一刻起，她产生了带儿子离开硖石的想法。

她出过国，也在国外接受了新式教育。可是，走到徐家二老面前，她对他们的教育方法及方式，还做不到指出问题或提出意见。张幼仪从小学的是"三从四德"，指责长辈不对，实在有失体统。

可是，她到底与之前不同了。她不能否定长辈的思想，但能提出自己的想法。在国外，人们都在极力地表达自己，展现自己。为了儿子阿欢的前途，她只能做一次"不孝女儿"。

向二老提出带走阿欢并不难，难的是她用什么样的借口和方式。张幼仪担心二老反对，抱怨她没有照顾好彼得，认为她是一个不合格的母亲。如果他们矢口否决，张幼仪一点机会也没有。

为了这件事，她思考了很久。最后她找到徐家二老促膝长谈，为了阿欢的未来打算，她希望孩子在北平这样的大都市里见世面，同时可以接受更好的教育。

提到彼得，徐家二老黯然神伤。他们懂得张幼仪的痛苦，他们也不想再让张幼仪承受离开儿子的痛苦。于是，他们爽快地同意让张幼仪带阿欢离开。加上那些年军阀混战，硖石一直处在动荡不安的处境中，离开硖石去北平，也是为了阿欢的人身安全考虑。

为了让张幼仪与阿欢在北平生活有保证，徐家二老提出，每个月给她寄三百元当作生活费。有了这笔生活费，张幼仪很快在北平扎下根，全心全意地照顾阿欢，开始了新的人生。

张幼仪从一个凡事顺从的小女人，蜕变成为拥有自己想法并为之争取机会的大女人，其中经历的痛苦只有她自己知道。张幼仪心中有把尺子，之前她只敢在心中丈量，现在她将这把尺子落到了脚步上。她今后所走的每一步，都是坚定的。

徐家二老将张幼仪当成女儿来看待，他们给远在北平的张幼仪写信，抱怨陆小曼的一言一行。在他们心中，张幼仪永远都是他们心里最佳的儿媳妇人选。平静的日子没过多久，张幼仪就接到了徐家二老的电报，他们已经在天津的旅馆中安顿下来，希望张幼仪赶快去见他们。

第六章 起落·飞出泥淖，舞出传奇

张幼仪匆匆忙忙赶到，一进门就见到了气愤的二老。从言谈中得知，两位老人看不惯徐志摩和陆小曼的生活做派，一气之下离开了硖石。因为过于生气，徐母提到陆小曼声音明显还带着颤抖。她跟张幼仪控诉说，陆小曼第一次看望他们的时候，提出坐红轿子的要求。按照硖石传统，女人只有第一次嫁人时才能坐六人抬的红轿子。而陆小曼是离过婚的女人，她大张旗鼓地坐红轿子进门，简直不把徐家的声望放在眼里，让二老丢尽了颜面。

从一进门就矛盾重重，日后生活更是充满危机。徐母说，陆小曼虽然出身名门，但并不太懂规矩。她是一个不懂得珍惜粮食的人，每次吃饭只吃到一半就说自己吃饱了，然后让徐志摩吃剩下的半碗饭。如果每次都只能吃半碗，盛半碗米饭就好，为什么非要剩下半碗呢。

陆小曼在娘家从小被娇惯长大的，后来跟王赓结婚，公婆离世，王赓常年忙公务，她自由散漫惯了，加上生活不规律，夜生活丰富，下午起床，到了饭点，一碗米饭常常也会吃不下，当然要剩下半碗饭。徐家二老不懂，但徐志摩懂，所以他才心甘情愿吃她的剩饭。

张幼仪看得出来，徐母不是心疼半碗米饭，而是心疼徐志

摩。作为徐家独子，徐母这是"吃醋"了。徐志摩对陆小曼的宠爱让徐母心里不舒服，同时也心疼自己的儿子。

更让徐家二老生气的是，有一次吃完饭，陆小曼竟然要求徐志摩将她抱上楼。硖石家中的楼梯，有着五十几级的台阶，而徐志摩身形单薄，不知道要使出怎样的力气才能将陆小曼抱到楼上。

两个新婚夫妇当着徐家二老的面儿，做出这种有失体面的事，让他们一气之下离开了硖石老家，连夜坐上开往天津的火车。

徐志摩在国外留过学，张幼仪也是从国外回来的，陆小曼的种种不是在张幼仪看来无伤大雅，而徐志摩之所以接受她的无理取闹，也是因为新式做法就是如此。但她却没办法与二老这么解释，只好安慰他们。她在想，等他们气消了很可能就会回去。

二老匆匆到来，却没想过这让张幼仪很为难。如果她留下二老了，那就是明摆着让陆小曼没有面子。可是这马上就要春节了，她总不能将二老赶回老家。思前想后，张幼仪还是决定将两位老人接到北平，一切等过完年再说。

第六章 起落·飞出泥淖，舞出传奇

2.最爱我的人去了

二老再见到阿欢很是高兴。春节前一天，二老甚至还为张幼仪过了一次生日，这个快要被她遗忘的日子，没想到二老倒还记得，这让张幼仪十分感动。

最让张幼仪感到欣慰的是，有阿欢陪着她过春节，这让她不至于太孤单。她这时才猛然发现，回国是对的。如果她选择继续在国外读书，那么这个春节一定是孤独的。她难以想象自己只身一人在外国，身边没有彼得和朵拉，这样的日子该怎么过。

不仅张幼仪觉得回国是对的，她带儿子来北平也是对的。徐积锴后来在1947年赴美，在哥伦比亚大学和纽约科技大学攻读经济和土木工程，先成了土木工程师，后改为经商，定居美国。

张幼仪回国那年，阿欢八岁，摇头晃脑地背诵诗文。按照祖父的希望，阿欢的命运应该成为一个大文豪或从政入仕。但在张幼仪的教育下，她知道儿子喜欢什么，适合什么。虽然最后的结果与徐申如的愿望大相径庭，但好在他实现了自己的人生理想。

张幼仪有自己的人生观和价值观。如果说，徐志摩喜欢的是一鸣惊人，张幼仪崇尚的则是平凡朴素。理想本就是要脚踏实地一步一个脚印地去实现的。她展开梦想的翅膀，然后又将脚扎进了泥土里，这个姿势可能不好看，但没人知道她正在为起飞做着预备姿势。

徐家二老对张幼仪越来越依赖，甚至把她当成了无话不谈的"好女儿"。

与这边波澜不惊的日子相比，徐志摩的爱情却始终是虚浮的。当美好的爱情落到生活中的每一个日常，很多美丽的泡沫开始猝不及防地破裂。

在平淡的生活面前，在现实的压力面前，徐志摩和陆小曼也跌进了深渊。陆小曼过惯了奢华的生活，而徐志摩依靠教书和编辑稿件赚来的钱，并不足以应付这些庞大的开销。后来，陆小曼甚至开始吸鸦片，或许是想通过鸦片找到一丝丝慰藉，徐志摩几次劝她戒掉她都没有做到。

让张幼仪感觉到不可思议的是，徐志摩竟然写信向她诉苦，抱怨生活中的苦恼。她与他做夫妻时，两个人无话可谈，徐志摩不给她一次说话的机会；她与他离婚后，徐志摩竟然主动找到她，把她当成知心人，感情反而比结婚时好。

得到尊重其实很简单，无非是靠自己。当张幼仪依附家庭，依附徐志摩妻子这个身份时，她是卑微的。当她站起来成为一个独立的个体时，她才是她。之前，她把满身能量放到徐志摩身上，她像一个"空皮囊"般没有自己，徐志摩当然看不起。如今的她，能量充足，不仅能让自己闪烁光芒，还能照亮其他人。

陆小曼是花一样的女子，花是需要供养的。而张幼仪是节俭的，只要能让她活下去，她就能岁月静好。

徐志摩有了张幼仪，一直在追求爱情；可当徐志摩有了爱情以后，却在不停地为钱奔波。消耗让人越来越空，积累却让人越来越富有。张幼仪沉甸甸的后半生，让她饱满而丰富，这一切是她亲手赚来的，她用实力说话。

未离婚之前的她很在意徐志摩对自己的看法，如今，她终于赢了。但她却已经不在意那个"前夫"的看法，如今她的脸上始终带着一抹笑，不是傲慢的胜利者的狂笑，而是自信无畏的微笑。因为她知道，她终于蜕变成了最好的自己。

有句话叫："三十年河东，三十年河西。"一个人年少得志，不代表后半生也会一路平坦；而一个人年少坎坷，也不表明今后不会逆袭。风水轮流转，人要盖棺定论。不过，年少时吃过的苦，最终都会照亮你的人生路。如同张幼仪所说："我不是个有魅力的女人，我做人严肃，因为我是苦过来的。"因为苦，因为失败，她才成了传说中的不死鸟。她像一个不屈不挠的战士，只要扛起钢枪，不到最后一刻从来没有想过放弃。

厚积薄发的她，终于从苦难中走出来，变成了一个自信、从容、淡定的女人。

同样是大家闺秀出身，但张幼仪与陆小曼不同。她没有舒服的环境，也不是社交名媛，更没有奢侈的生活。同样是年轻的女子，她的前半生经历了离婚、丧子，卧薪尝胆的日子让她练就了一身本领。

在国外读书的时候，她与普通的留学生也不相同。她是一个离了婚带着"拖油瓶"的女人，她必须比常人多付出上百倍的努力，才能换来一分收获。如同徐志摩在《夜六篇》中写的那样：

你要真镇定，须向狂风暴雨的底里求去。

你要真和谐，须向混沌的底里求去。

你要真平安，须向大变乱，大革命的底里求去。

你要真幸福，须向痛苦里尝去。

第六章　起落·飞出泥淖，舞出传奇

你要真实在，须向真空虚里悟去。

你要真生命，须向最危险的方向访去。

你要真天堂，须向地狱里守去。

张幼仪与徐家二老在北平刚好好过个年，就收到了上海的电报。电报上的内容，让张幼仪热情高涨的心跌到了谷底。电报上说，母亲病重，速回上海。

真正的成长总是残酷的，必须参悟到生命的无常。儿子彼得的离去，让她变得强大坚强。而母亲的离去，才让她知道生命的虚空。

母亲病重，她一分钟也不想待在北平。徐家二老知道她念母心切，想陪她一同回上海。原本身体就不好的母亲，这一次重病后就再也没有起来。张幼仪回到上海十天后，张母永远地离开了她。

张母的离世，让张幼仪再一次尝到失去亲人的滋味。失去彼得，她的心好像某个地方空了；失去母亲，更像是失去了一种依靠。从此以后，再也没有人像母亲那样关心她，爱她，她再也没有机会喊妈妈，更不是谁嘴中永远的"孩子"了。

长大，最直观的表现就是坚强。她强压着心中的悲痛为母亲料理后事。自她出世以来，母亲为她操碎了心。她去苏州上学，后来又跟着徐志摩出国、离婚、丧子。每一次经历坎坷，母亲都和她一样悲痛。可是，她还没来得及孝顺母亲，母亲就永远地离开了她。

张母去世后，张父整日郁郁寡欢，百日后，张父也随着张幼仪的母亲而去了。

张幼仪那时才明白，徐志摩一直渴望的诗一般的爱情太过虚无缥缈，其实真正的爱情，不显山不露水，将爱融入每一天中。虽然许多人都认为，两个人熟悉得像亲人就没爱情了。但这时或许才是刚刚好，爱到平淡，才是一生的本质。如徐志摩那般浓烈而伤神的爱，或许感天动地，但它是流动的，爱了你也会爱她。如张父张母这种细水长流的爱，或许平淡无奇，但却是融入骨髓的，这样的爱，重要的不是爱上了你，而是只爱你。爱得深简单，爱到底却不易，虽然张幼仪没有看到自己的父母有什么亲昵的举止，可张父的离去更加证明了他是爱妻子的。

父母双双离世，张幼仪从此再也没有家了。之前她无论做事或做决定，总是会顾忌着父母的感受和想法。如今，她再也不需要了。

她一直以为展翅高飞，是完成自己的理想。现在她看似能飞得更远了，但只有她自己知道，她心里空了。父母的存在看似禁锢着她，其实也给了她足够的力量，让她有勇气面对一切。

3.讲台上的优雅先生

人世间最无奈的不过是树欲静而风不止，子欲养而亲不待。

两位老人的葬礼上，徐志摩一直没有出现。张幼仪的哥哥们倒是非常理解徐志摩，尤其是她的二哥。他们认为徐志摩来不来都没有关系，亲人不会轻易责怪。"亲人"这个词，让张幼仪感觉到了一点点温暖。就算没有父母，至少还有自己的兄弟姐妹。人活在世上，很多事总是事与愿违，当灾难或痛苦来临的那一刻，人只能靠那一点点希望活着。这个希望就是，她还有亲人，还有儿子阿欢，还有徐家二老。

从北平回到上海五个月，她一直为父母的丧事而奔忙。等到终于闲下来的时候，才不得不考虑自己的未来。

如今，父母已经离去，她五个多月一直在上海，北平是回不去了，可是留在上海每个月生活费都成了问题，她根本无法支付。之前，张家的生活费用由四哥来支付，如今父母不在，她没有理由让四哥来供养自己。

于是，张幼仪和四哥商量，她决定带着四妹和八弟到上海的乡下定居，在乡下生活能节省很大一笔费用。后来八弟在上海的一家银行找到了一份差事，四妹也由在城里居住的大姐和大姐夫定时给她一些零用钱。这样生活的问题解决了，阿欢也不用再办理转学手续，只需坐半个小时的火车就能上学，每天阿欢就和同去上海上班的八弟一起乘车往返。

有一天，四哥突然打电话来，让张幼仪搬来与自己同住。张幼仪一头雾水，不知道发生了什么。原来，那时四哥张嘉璈和妻子住在城里外国租界内的一个漂亮房子里。一天晚上，他忽然梦到了已经去世的母亲，母亲指责张嘉璈狠心将弟弟妹妹丢在乡下不管。第二天醒来后，张嘉璈便觉得这是母亲不放心几个孩子，于是他立刻给张幼仪打电话，让他们务必要住到自己的房子里。而他则和妻子搬到了其他地方去住。

搬到新家的张幼仪开始为了未来担忧，阿欢还在上学，四妹除了一点零用钱，根本没有挣钱的能力。紧靠着徐家给自己的三百元和八弟的工资来维持几个人的生活，这样终究不是长久之计，求人不如求己，张幼仪觉得自己不能坐吃山空。她必须为自己找一份工作。

此时，张幼仪在国外学习的知识终于派上了用场。她在东吴大学找到一份工作，在那里教德语。在学校当老师时，她找到了应有的自信，肯定了自己的价值。从那时起，她才知道什么叫为自己而活。

避开世俗的喧嚣，让心境萦绕袅袅的馨香。最有味道的生活应该是悠然，最洒脱的人生，是任由花开花落，依然优雅而静默。第一次站在讲台上，平静的神色之下掩饰着此起彼伏的心绪，上一次进入国内的课堂，还是在结婚之前，十几年的时光匆匆流逝，再一次回归课堂，张幼仪已经变换了自己的位置。她不再是那个坐在课桌前听课的学生，而是一名站在讲台上授课的教师。

看着学生们扬起的脸庞，她也在回忆着自己的青春。有人说，青春连犯错都是美好的，她将青春放在了一个男子身上，让那大好的年华在摇摇晃晃中渐渐斑驳。兜兜转转，时隔经年，张幼仪也终于圆满了最初的渴望，做一个教书育人的老师。

张幼仪教授的科目是德文，虽然从未教过大学生，也从没有接受过这方面的培训，但站在讲台上的她，莫名地感到一种责任感和神圣感。与学生们第一次相识，张幼仪做了简单明了的自我介绍。讲台上的她那样端庄，言谈举止之间流露着多年培养出的大家闺秀的气质。用中文介绍过自己之后，她又用一口流利的德文翻译了一遍，让学生们无比叹服，站在讲台上的她，仿佛周身都在轻轻地发着光。

从此以后，张幼仪成了东吴大学最受欢迎的老师之一，一时间，在东吴大学的校园之内，每个角落都在流传着与张幼仪有关的传说。上过她课的学生们，纷纷称赞她的教学方式十分独到，既有中国教师的循循善诱，也像外国教师一样将学生当成朋友。

张幼仪的德文课，变成了东吴大学最热门的课程。只要是她站在讲台上，课堂里一定座无虚席，有些排不上座位的学生，宁可站着听完一整节课。他们想要听到的，不仅是张幼仪学习德文的方式，更想从这位老师的身上，学会对待人生正确的方式。

张幼仪从未让学生们失望过，她的自信写在眉梢眼角，她的独立展现在举手投足之间。她就是女性追求自由的典范，东方女性的传统美与西方女性独立自由的思想，让她成了一名近乎完美的女人。

讲台下那一张张青春洋溢的脸庞，也激发着张幼仪对生活的热情。从这一刻开始，她只为自己而活。她第一次感受到了内心安稳的滋味，这一切都源于自己的奋斗。尽管依然有人认为她是一个被丈夫抛弃的妻子，可张幼仪已经不屑于再去为自己正名。世人的偏见再也不会左右她的生活轨迹，只要轻轻地挥一挥衣袖，生活就会重归一如既往的平静。

她与二哥、四哥一样，有了自己的事业。只是她没想到，另外一番事业大门也在不经意间悄然打开了。

生活究竟是苦是甜，完全取决于人的心态。细细品味，年轮与更迭，原是人生的梦一场，一转身，已然水远山长，沧海桑田；一回眸，却又时光未央，花月静好。张幼仪的心态已经重归平和，终有一天，外在和形式成了尘埃，灵魂依然鲜活于世，一笑泯去一生的爱恨情仇，她不再是漂泊的一叶浮萍，而是在漫长的寻觅之后，找回了自己的根。

4.迎接这个美好的时代

有些人的成熟，不过是被习俗磨去了棱角，变得世故而实际了。那不是成熟，而是个性的夭亡。真正的成熟是渐渐的，那是一种在经历痛苦与磨难之后，独特个性的形成，真实自我的发现。我们知道了怎样修正这颗心，是该痛苦，还是该放下？是该自卑，还是该自信？因人而异，万事万物有利必有弊。我们不能改变苦难的到来，但是我们却可以用宽容的心包容所有的苦难。

张幼仪回到中国，发现与她出国时已完全不同。张幼仪出国前，女子还没有地位，穿衣服不能露脖子，必须穿着盖到脚面的长裙。没出嫁的女孩子，还要梳一条或两条大辫子。嫁人的女人，则要绾起发髻。

如今，张幼仪再看大街上的女子，她们早已烫了鬈发，或者剪成了短发。在穿着上，也不再只穿传统的中国旗袍，而是穿着又薄又透的衬衫，甚至隐约能看到内衣的颜色与形状。露脖子不再是"品行败坏"的表现，有的女子甚至露出了小腿或胳膊。

第六章 起落·飞出泥淖，舞出传奇

高跟鞋、透明丝袜，更是她出国之前没见到的景象。除了穿衣打扮不同，当下女子的思想也发生了巨大的转变。女子们享受新式思想教育，受新思潮影响女子学来的知识得到了应有的发挥。另外，在恋爱方面也不再保守地只靠"媒妁之言"。

张幼仪发现，西方的生活方式，已经渗透到了当下人们生活的方方面面。如果之前她保守落伍，那么回国后的张幼仪正走在社会的前沿。

当几位女子银行的代表找到她时，她拒绝了银行总裁的职务。因为银行代表告诉她，请她出任总裁并非看中她的能力，而是希望由她攀上四哥的关系。其实，这份工作也是四哥为了张幼仪能好好生活给她介绍的。那时，四哥在中国银行担任总经理，张幼仪出面能保住女子银行里的钱。可是张幼仪不想与四哥成为竞争对手，更不想外界对他们之间的关系产生非议。直到后来四哥找到了她，在哥哥的劝说和支持下，张幼仪还是答应了出任女子银行的副总裁。

女子银行是1910年成立的坐落于南京东路上的一个女性银行，专为女性服务，很受妇女的欢迎。年轻的女性，会将刚发下来的薪水支票兑换成现金，然后将一部分存入银行，这样既能不用担心自己如何花钱，又能避免自己乱花钱。年纪大的女性，则会将自己的一些金银珠宝放到银行储存。

看似光鲜有地位的职务，实则就是一个烂摊子。银行的主要盈利来自资金外借，靠利息营收。但之前的经营者，将大部分钱借给了自己的亲戚或朋友，欠了一大笔死财坏账。银行亏损不说，就连账户上几乎分文不剩。再加上她从未接触过金融，这使得一切似乎变得更难了。

好在，在国外生活过的她，早已学会独立解决困难。既然不懂，那就从零学起。她将自己的办公桌摆在了银行大厅的最后头，这样既能将整个银行的状况掌握在手中，还能在一旁潜心学习。她每天九点准时上班，同事开玩笑说她是"康德的徒弟"，因为她那如康德似的钟表般对时间的把控，让她也成了银行的"报时器"。

当时她接手的银行，资金方面十分困难。如果银行请律师出面要账，银行会多出一分支出。于是，她决定亲自与借贷人沟通，和大家一起想办法把欠款收回来。资金原本就紧张，还偏偏赶上抗日战争爆发时期。那段时间不少有钱人想取走银行中的存款，去其他地方避难。最困难的时候，客户想从银行提取四千元存款都变得异常艰难。如果银行少了这四千元，银行马上就会破产。如果不让客人取走存款，又没这种规矩。

第六章　起落·飞出泥淖，舞出传奇

张幼仪亲自出面安抚客户，并与客户签署担保协议。她承诺，如果银行破产，一定将他的四千元预留出来，连本带息一并还给他。那位客户看到了张幼仪的真诚，决定签署不取款合同。

银行资金方面越来越紧张，她不得不利用自己的各种关系解决银行的问题。最后，她将银行建筑抵押给其他银行，暂时获得了部分周转资金。

张幼仪发现这样也不是办法，凭借对女人的了解，她知道女人一般会偷偷藏私房钱，尤其是那些小姐、太太们。她鼓励女性把首饰存放在银行。其实，其他银行也有这项业务，不过都是女性"公开"存放的，先生们知道太太的"财产"有多少。而张幼仪管理的银行，则是太太们的"私房钱"，所以她们一般很少有人上门领取。

在张幼仪的努力下，银行的业务越来越多。她推出了"储金礼券"业务，即红白喜事，帮助家庭主妇选择礼品，礼券帮助女性解决了送礼问题；"献金运动"，则是一项支持抗战的业务。让女性捐出自己的私房钱或值钱的物品，作为抗日救国的资金。

一项又一项成绩，肯定了张幼仪的地位与能力。所有人都在说，她这是做给徐志摩看的。毕竟曾经的"乡下土包子"，变成了如今流行风尚的代表。但只有张幼仪她自己知道，这与其说是做给徐志摩看，倒不如说做给当初年少的懵懂的自己看。回国后，张幼仪也从来没有停下学习的脚步。她知道自己读书不多，受的教育程度不够，这些都会影响自己在工作中的表现。为此，她请了一位老师，补上她年轻时候的遗憾。

银行业务的成功，让张幼仪越来越自信。她在工作时不断思考，到底什么样的生意才能赚大钱。看到国内的变化，她有了做服装的想法。那时，中国人在行头上正在发生着巨大的改变。每个人的衣橱里好像永远少一件衣服。本国服装已"过时"，西方的服装还没那么多样化、多元化，人们对"新式服装"的渴望是热切的。

在盈利模式上，张幼仪想到了双亲去世时，全家人要做孝服，她想找到一个称心如意的裁缝很难，必须请专门的人来做。如果自己开服装店，一方面专门做女性时装，另一方面做服装定制，自家的小妹妹是学服装设计的，自己又认识刚从日本、法国学习美术归来的江小鹣，由她们两个做设计师那更是如虎添翼，这种将设计、制作、租赁服装合为一体，既保证了收入又能创新，相信服装店一定能赚到钱。

第六章 起落·飞出泥淖，舞出传奇

张幼仪把这个想法告诉了八弟，八弟听完表示赞成。于是，八弟找到几位朋友投资，徐志摩也参与了进来，张幼仪的服装店正式营业，而她也成了服装店的总经理。公司的名字，张幼仪和八弟想了许多，但都不尽如人意，最后还是确定叫"云裳"，取意于"云想衣裳花想容"。于是云裳时装公司就这么诞生了，公司开业那天，借着徐张两家的名头，请来了许多明星记者朋友。在宣传上，张幼仪第一次将模特展示衣服的风气带到了中国，其中模特队伍里还请了民国头号交际花唐瑛和陆小曼来助阵，使得公司的名气得到了极大的宣传。就这样除了白日里要负责的银行经营，每天下午五点补习一个小时的国文。六点钟，她都会准时到云裳时装公司打理财务。

1934年，张君劢主持成立了国家社会党，张幼仪凭借之前的优秀表现，二哥推荐她管理该党财务，一时间她又成了八面威风的人物。

这个原本被时代所"抛弃"的旧式女性，终于在历经风霜雪雨后，发现了自己强大的灵魂，找到了真正的自己，终于活成了张幼仪的姿态。

在总结自己一生时，张幼仪曾说过"我生在变动的时代，所以我有两副面孔，一副听从旧言论，一副聆听新言论。我的内在有一部分停留在东方，另一部分眺望着西方。我具备女性的气质，也拥有男性的气概"。无论在哪个时候，都存在着机会，只要有一双会发现的眼睛。之前，张幼仪与这个时代相悖，她无法接受新鲜事物，不愿意改变传统认知。当她在生活中跌倒了一次又一次，因"思想落伍"而被徐志摩抛弃后，她才猛然发现，人要顺势而为。只有顺应时代的发展，才能成就自己。

佛曰：前世五百次的回眸，才换得今生的擦肩而过！因此，人世间的所有一切都有它出现的理由，感情是如此，职业亦是如此。无论结束与开始，皆因缘起缘灭。起，迎接，灭，让它走……唯有如此，才能一步一步走出坚实的人生。

第七章　得失·以另一种方式回归

1.以优雅的姿态重拾自尊

在这个世界上，每个人都用尺子丈量别人，很少愿意丈量自己。

1915年12月5日，张幼仪成为徐志摩的新娘。他在揭开她面纱的那一刻，用玩世不恭的态度丢下一句"真是个乡下土包子"，然后，转身离云。

张幼仪在整个婚姻过程中，一直试图改变徐志摩对她的看法。她尽量表达自己，他不给她机会；她争取做一个贤妻，他觉得那是守旧……

在婚姻里，张幼仪活得没有自己。她在乎徐志摩的看法，害怕别人说她不是好妻子好儿媳。在生活中，她还害怕丢张家的脸面。

她不是不能接受新思想，而是传统能让她获得更多"好评"。当她离婚后，捆绑她心灵的枷锁打开了。此时，她不是谁的妻子，不用在乎别人如何评价她；她头顶上没有高高在上的徐志摩，她没必要为了赢得他的尊重而读书；她没有裹脚，人也不笨，根本不存在"小脚与西服不搭"之说……

当张幼仪去讨好别人的时候，她只能不断地调整自己，最终让她完全没了自己；当她决定讨好自己的时候，独立的人格才逐渐建立。张幼仪回来也说："我要感谢徐志摩，我要感谢离婚，若不是离婚，我可能永远都没有办法找到我自己，在那样一个时代，也没有办法成长。他使我得以解脱，成为另外一个女人。"

与此时的张幼仪相比，徐志摩反而与时代相悖了。与陆小曼结婚后，原本以为能够让灵魂自由，却没想到被爱情束缚住了灵魂。他没时间你侬我侬，大把时间用来赚钱谋生。曾经，张幼仪用"秋天的扇子"来比喻自己，如今徐志摩的爱情也如同秋天的扇子，火热的夏天过去了，终于来到了秋天。

生命本来无常，爱情也转瞬即逝。人不可能一生张扬，一生飞翔，总要有落下来休息的时候。张幼仪知道，太阳升起的时候，要做向阳的向日葵，顺着太阳的方向而走；当太阳落下去的时候，就要好好地读书积累，为了明天做准备。

一个人的人生，不断地在经历春夏秋冬。春生夏长，秋收

第七章　得失·以另一种方式回归

冬藏，这才是真正的顺势。然而，徐志摩不懂，他的一生只有春天和夏天，他无法忍受秋天和冬天。

当爱情的温度退去，他要逃离，逃离陆小曼，像他曾经逃离张幼仪一般。如果张幼仪的一生是张弛有度，那么徐志摩的一生则一直是保持着张开的状态。一味地透支，终究有一天爱情会在浪漫中糜烂，人魂俱亡。

1928年，张幼仪已成为上海赫赫有名的"三主"女强人、严谨的企业家。当她准备开服装店的时候，徐志摩还为自己投资了一家服装店而不自信。他给周作人写信说："专为小姐、娘们儿出主意的，老兄不笑话吗？"

可就是这样一家服装店，却成了今后徐志摩"收入来源"的一部分。徐志摩与陆小曼结婚后，没在硖石住多久，就搬到了上海法国租界的爱多亚路居住。那时，正逢张幼仪母亲去世，徐家二老没再打扰张幼仪，便跟着徐志摩住到了一起。不过，两位老人对陆小曼的种种行为依然看不顺眼，只要军阀战争的战况稍微缓和，他们马上会搬回硖石老家。如果战况再起，则再搬回上海。

徐家二老在上海的时候，张幼仪少不了带着阿欢去看他们。不过，唯一让张幼仪为难的，就是她与徐志摩见面。他们虽然已经离婚，但再见面依然会让张幼仪不舒服。并且，她内心并不太愿意见陆小曼。

当着众人的面儿，徐志摩称呼陆小曼为"曼"，或叫她的小名"眉"；而陆小曼则称徐志摩为"摩"，或"摩摩"。这样的甜腻与恩爱，让人脸红。

徐母却跟张幼仪说，陆小曼有了"男朋友"，并且把这位"男朋友"带到了家里来。这位男朋友就是翁端午。那段时间，翁端午在徐家的地位，甚至超过了徐志摩。有一次徐志摩讲学回家，嗓子痛。徐母心疼儿子，让用人为徐志摩熬碗参汤，用人却一动不动。他们告诉徐母，陆小曼吩咐过，这人参是留给翁先生的。

即使这样，徐志摩却对翁端午的存在丝毫不介意。徐志摩说，他们三个是互相为伴。他坚信，陆小曼和翁端午只是普通朋友，不会出什么大事。某天晚上，徐志摩回到家，陆小曼和翁端午正在床上吸鸦片。徐志摩看到后，并没因此而生气，竟然跟他们挤在一起，三个人睡了一夜。

从前，张幼仪为徐志摩低头，现在，徐志摩为了给陆小曼买鸦片，照顾她的生活而向现实低头。徐志摩四处借钱，甚至向张幼仪借钱。张幼仪不指望徐志摩能将钱还回来，她知道

第七章 得失·以另一种方式回归

徐志摩是一个爱面子的人，每次给他钱的时候，都会跟他说："这是你爹的钱。"

徐志摩一生无不良嗜好，甚至不喝酒，但是为了陆小曼他不仅掏空了腰包，还失去了"尊严"。当他向张幼仪借钱的时候，不知道她在他心中的位置发生变化没有。但对于张幼仪而言，她为他感到惋惜。

后来，梁实秋评价张幼仪说："她是一位有风度的少妇，朴实而干练，给人极好的印象。后来每遇徐家有事，张幼仪都会尽力帮助，凡认识她的人，没有不敬重她的，没有不祝福她的。"也正因为这样，徐家二老才讨厌陆小曼，喜欢张幼仪。

徐志摩去北京工作以后，陆小曼不愿意回乡下，从此便与徐家二老彻底断了来往。等徐家二老再搬回上海时不再与徐志摩同住，而住在张幼仪家附近，那是张幼仪用股票挣的钱给二老盖的房子，就在张幼仪家后面的空地上。两家隔得很近，但张幼仪仍是不愿直接将徐家二老接到自家住，毕竟她已经不再是徐家人了，她的心里还是过不去。她可以不在乎别人怎么说她，但不能因为自己还让徐志摩或者陆小曼也摊上污水。于是那时，如果是徐志摩一人来看他们，他们就会见徐志摩。如果徐志摩带着陆小曼前来，徐申如会从后门躲出去。直到徐母病重，陆小曼才与徐申如见面。

　　不过，徐母病重后，徐申如并不同意由陆小曼来照顾徐母，而是让张幼仪回到硖石老家。徐父先是给徐志摩打电话，让他快回硖石，后来又给张幼仪打电话，让她一定要过去。但张幼仪心里不愿和徐志摩还有陆小曼碰面，便没有答应。张幼仪刻意躲避着徐志摩，怕惹得别人的闲话，也惹得陆小曼不高兴，平白给自己找事儿，可执拗的老人却非要张幼仪前去处理不可。直到徐志摩打电话来，他失控地说："我啥事也不会，母亲病得这么重，我不懂医药方面的事情。"

　　因为徐志摩的电话，她才不得已连忙赶到硖石照顾徐母。可她的身份到底尴尬，她不知道自己做的是干女儿该做的事，还是儿媳该做的事。

　　当徐母去世后，徐申如委托她料理后事。陆小曼前来奔丧，可徐申如无论如何也不让陆小曼进门。最终，张幼仪以义女的身份为徐母操办丧事。陆小曼愤怒了，她向徐志摩哭诉。后来，陆小曼在写纪念徐志摩的文章时，把这段往事的愤怒写了下来。

　　她写道：

　　……这不久，他遭母丧，他对他母亲的爱是比家里一切人都要深厚。在丧中本来已经十分地伤心了，再加上家庭中又起了纠纷，使他痛上加痛。每天晚上他老是一声不响地在屋子里来回地兜圈子，气得脸上铁青，一阵阵地胃痛。这种情况至今想起还清清楚楚地在我眼前转。封建家庭的无情、无理，真是害死人，我也不愿意胃细讲了。

陆小曼与徐申如之间的矛盾，让徐志摩对张幼仪产生了气愤，也让他们父子之间的关系变得僵硬。从此，徐志摩再也没有喊过徐申如一句父亲。

当时，陆小曼不毙出现在葬礼上，徐志摩给她写信，上面写道：

我家欺你，即是欺我，这是事实。我能护我的爱妻，且不能护我自己……父亲爱幼仪，自有她去孝顺，再也用不到我。这次拒绝你，便是间接离绝我，我们非得出这口气。

如果事情到此结束，不清楚前因后果的世人会觉得张幼仪"装模作样"，故意做给徐志摩和陆小曼看，甚至做给世人看。但后来徐志摩坠机，陆小曼站在烟雾缭绕的门内，拒绝接受徐志摩死亡电报，不肯认领尸体，只得由张幼仪出面时，别人才觉得张幼仪有着大格局。

身为徐志摩妻子的陆小曼，她是朵娇嫩的花儿，是极需要爱的，因此注定了她只懂得一味地索取，并不真正清楚什么是爱，所以当徐志摩去世后，陆小曼很快就"枯萎"了。她不知道爱是做出来的，不是说出来的。或许亲口说出"我爱你"三个字对于张幼仪这种传统到骨子里的人是极难的，但这并不代表她不懂得如何去爱，她将自己的"爱"拆散融进了自己所做的每一件事上。如同她的为人，靠着自己的修养和心中的格局，得到世人的尊重。只是，这一切徐志摩再也看不到了。

在徐志摩这么多女人里面，我们说不出谁的爱深，谁的爱浅。都说每个男人这一生，爱过白玫瑰，吻过红玫瑰，最终却娶了康乃馨。那么陆小曼是那红玫瑰，艳丽绚烂；林徽因就是那白玫瑰，纯洁遥远；至于张幼仪则是康乃馨，不妖不艳，静默盛开。这样的她低沉不张扬，她背负着最为沉重的爱与责任，一点点找回曾经失掉的自我。

2.一个识大体的女人

老话讲："三岁看大，七岁看老。"一个人幼年时期打下的基础影响着今后的人格与命运。《三字经》中说："昔孟母，择邻处。"孟母三迁，就是希望孩子能有一个良好的教育环境。幼时的教育，是一个人的根。无论他今后开出怎样的花，结出什么样的果，都与他心中种下的种子息息相关。

张幼仪幼年时，就会背《孝经》《女训》《女戒》。作为一个女子，张家渴望她成为一名真正的大家闺秀。为了检查张幼仪有没有认真背，张父还会亲自检查"作业"。如果张幼仪对其中某句话理解不够深刻，张父还会为她一一讲解。

传统教育之下，张幼仪成了一个没有个性的女子。

1926年10月3日，徐志摩与陆小曼在北平的北海公园举行了婚礼。陆小曼与张幼仪不同，陆父只有陆小曼一个孩子，把她当成了掌上明珠。除了让她吸收精神上的营养外，还在物质方面尽量满足她。

陆小曼像个任性的孩子，想做什么便做。她没有金钱概念，想要什么便要得到。徐志摩是懂得的，所以宠她爱她，尽最大的力量来满足她。

不过，一个儿媳帮父母照顾自己的儿子，另一个儿媳却需要儿子来照顾她，别说徐家二老看不顺眼，事实上任何一个父母都会心疼儿子，不喜欢陆小曼这样的儿媳。徐家二老一直拿张幼仪与陆小曼比对，在他们看来，居家过日子，张幼仪最好。但对于徐志摩而言，他要的是爱情，并非生活里的每一个日常。

在众人眼中，张幼仪是一个帮助徐家，为徐家付出一生的女人。于她而言，她并不觉得付出了什么，不过是尽人本分而已。她是义女，陆小曼是儿媳，两者本就无可对比。只不过她曾是徐志摩的原配，人们才觉得她的做法在为徐家立下大功。

虽然，此番做法让徐志摩恨她，让陆小曼误解她，可怜她是为了尽孝道。至于他人是否能理解，已经不重要了。

徐申如的做法，让徐志摩伤心。徐母去世后，他便与父亲断了来往。徐申如与妻子的婚姻维系了三十七年，这种生死分离的悲痛常人无法理解。她想到母亲去世不久，父亲就追随她而去了。她怕徐申如一个人在硖石老家过于寂寞，便把他接到了自己家中。

张幼仪居住的地方叫"范园"，之前房主姓范，所以由此而得名。整个范园有十栋房子，她住在比较靠后的石头建筑房子里。她把徐申如安排在客厅右边的房间里，还专门为他准备了一间吸烟室。

徐家一直与张幼仪保持着联系，徐家亲戚不时会来打扰张

第七章　得失·以另一种方式回归

幼仪。战争打响时，他们会过来逃难住几天。有一次徐志摩的堂侄带着父母来上海避难，也住到了张幼仪家里。只要是徐家的事，她几乎没有拒绝过。在徐志摩看来，这是守旧派，没个性，不懂拒绝，不懂发出自己的声音。

陆小曼是发声派。如她在纪念徐志摩文章中所写的那样："……封建家庭的无情、无理，真是害死人，我也不愿意再细讲了。"事实上，徐志摩不仅不应该讨厌"封建家庭"，还应该感谢张幼仪的"封建思想"，如果不是张幼仪，他不会渡过一个又一个难关。

在张幼仪与徐志摩的婚姻中，她几乎很少提出自己的意见。无论徐志摩说什么，她就做什么。直到离婚后，她对他依然如此。徐志摩与陆小曼结婚后，徐志摩问张幼仪，阿欢该怎样称呼陆小曼。张幼仪内心虽然不舒服，但还是答应让阿欢称陆小曼为"继母"。只要徐志摩张口，她就会点头。离婚前，她的顺从是"三从四德"，离婚后她对他的顺从，则为"尊重"。

她知道，一个女人要识大体，不能拘泥于小节，这是她幼时就明白的道理。徐志摩接受新思想反对传统，骂她是"乡下土包子"。张幼仪接受传统，同样也吸收西方思想，让她成为一个有尊严、自立自尊的女人。

当别人愤怒写文章的时候，她用冷静的态度看着眼前的一切。什么是学问？什么是所谓的新思想？什么是文人？如她对文人的评价："文人都是这个德行。"

她不追求所谓的思想，只看自己做了什么，做过什么。一个人有再多学问，如果不能落到实处，不过是镜中花，水中月。如同当下人所讲：道理我都懂，可我做不到。

徐志摩自己评价自己说："他这一生最重要的决定大抵都与感情有关。"梁启超给他证婚时，则说："……徐志摩！你这个人性情浮躁，所以在学问方面没有成就……"而徐志摩的远房表弟，著名的武侠小说家金庸则评价他为"淫魔"。他曾在《天龙八部》中，用徐志摩的笔名"云中鹤"作为淫魔的名字，讽刺他用情不专。

徐志摩与陆小曼结婚以后，这对至死不渝的灵魂伴侣，却有了越来越多的厌倦与苦恼。有一次，陆小曼与郁达夫的妻子王映霞说："照理讲，婚后生活应过得比过去甜蜜而幸福，实则不然，结婚成了爱情的坟墓。徐志摩是浪漫主义诗人，他所憧憬的爱，最好处于可望而不可即的境地，是一种虚无缥缈的爱。一旦与心爱的女友结了婚，幻想泯灭了，热情没有了，生活便变成白开水，淡而无味。"

纵然对陆小曼不太满意，但他依然供养着陆小曼。他不得不同时在光华大学、东吴大学、上海法学院、南京中央大学和北京大学等兼职上课。另外，他还用余下的时间写诗赚稿费。但这些对于陆小曼的挥霍而言，仍是杯水车薪。后来，他为了多赚钱，往返于北京、上海两地。

张爱玲在看透了男女爱情的本质时，她说："也许每一个男子全都有过这样的两个女人，至少两个。娶了红玫瑰，久而久之，红的变成了墙上的一抹蚊子血，白的还是'床前明月光'；娶了白玫瑰，白的便是衣服上沾的一粒饭黏子，红的却是心口上的一颗朱砂痣。"

徐志摩心中仍惦记着纯净洁白的白玫瑰林徽因，但现实中却娶了红玫瑰般妖娆的陆小曼。他讨厌她爱打牌、吸鸦片、爱上台演戏。1927年12月27日，徐志摩写下了自己的厌倦心情："我想在冬至节独自到一个偏僻的教堂去听几折圣诞的和歌，但我却穿上了臃肿的戏袍登上台去客串不自在的腐戏。我想在霜浓月淡的冬夜独自写几行从性灵暖处来的诗句，但我却跟着人们到涂蜡的舞厅去艳羡仕女们发金光的鞋袜。"也许，那时的徐志摩在内心深处，对当初与张幼仪的生活有一点点的怀

念，虽然人他不爱，至少她从来没在情感以外的东西上让他忧
心过。

3.轻轻的，我走了

　　有些爱情，就算是费尽心血，倾尽全力，卑躬屈膝，到
最后也是如两个抱团取暖的刺猬，越是靠近越是伤害。并非两
个人不合适，只是两个人的距离错了，热恋时痛也是难得的，
苦也是特别的，但当一切回归平静时，柴米油盐成了现实，
"爱"就变得不再万能，"相互迁就"才是最佳的途径。而当
这一切灰飞烟灭，尘归尘，土归土时，最后又还剩下什么？凡
人做不到完全放下，更渴望抓住些什么。能抓得到吗？心中那
一点点虚妄，最终会随着时间而消逝，都走了。

　　1930年秋，徐志摩索性辞去了上海和南京的工作，应胡
适的邀请，去北京大学当教授，兼北京女子师范大学教授。徐
志摩要求陆小曼同去，可陆小曼不肯离开上海。为了陪伴陆

第七章 得失·以另一种方式回归

小曼，徐志摩往返于北平、上海两地。为了节约时间，节省费用，徐志摩经常坐别人的免费飞机。陆小曼担心飞机的安全问题，徐志摩只好跟她说："你也知道我们的经济条件，你不让我坐免费飞机，坐火车可是要钱的啊，我一个穷教授，又要管家，哪来那么多钱去坐火车呢？"

陆小曼听完不仅不心疼徐志摩，反而耍起了小性子。她说："心疼钱，那你还是尽量少回来吧！"

1931年11月上旬，陆小曼经济出了问题，没钱维持在上海的排场，连续打电话催徐志摩回上海。于是，那天徐志摩搭张学良的专机飞到南京，于13日回到上海家中。谁知，徐志摩刚回家，两个人就吵起来。

据郁达夫回忆："当时陆小曼听不进劝，大发脾气，随手把烟枪往徐志摩脸上掷去，徐志摩连忙躲开，幸未击中，金线眼镜掉在地上，玻璃碎了。"

徐志摩极为生气，负气离家。

1931年11月17日，徐志摩准备行李。陆小曼问："你准备怎么走呢？"

徐志摩说："坐飞机！"

陆小曼："到南京还要看朋友，怕19日赶不到北平。"

徐志摩："那我坐飞机……"

陆小曼听了很不高兴："跟你说多少回了，不许坐飞机！"

徐志摩却不在乎："我喜欢飞啊，看人家雪莱，死得多风流。"

陆小曼："你尽瞎说。"

徐志摩："你怕我死吗？"

陆小曼："怕？！你死了我好做风流寡妇。"

没想到一语成谶，徐志摩飞走后就再也没有飞回来。

1931年11月18日，徐志摩乘车到达南京，住在何兢武家。他在车上看报纸时，看到消息说京津地区正处于戒严状态，列车进京可能会延迟。他本想搭张学良的飞机，但张学良并不是那天返回。然后，他想到了保君建送他的免费乘机票。

吃过晚饭，徐志摩去找杨杏佛，结果他不在。他就写了一张便纸给他，上面写着：

才到奉谒，未晤为怅，顷去湘眉处，明早飞北平，虑不获见。北平闻颇恐慌，急于去看看，杏佛兄安好。

志摩

第七章　得失·以另一种方式回归

18日这天，张幼仪见过徐志摩，他来云裳服装店请裁缝做衣服。徐志摩上海、南京、北平三地跑，而且又要坐飞机，张幼仪十分担心飞机的安全问题。他跟张幼仪说，他写过一篇散文叫《想飞》，中国航空公司想用他的文章做广告，于是为他提供了一本免费的乘机券。面对张幼仪的担忧，徐志摩的态度很坚定，他觉得坐飞机不会出事。

19日早晨8时，徐志摩和飞机师王贯一、副机师梁壁堂三人往北平飞。这架飞机是中国航空公司"济南"号。飞机上除了他们三人外，还有卅十余磅的邮件。10时10分，飞机抵达徐州加油站，徐志摩给陆小曼写信，他实在不想飞了，因为头很痛。但飞机加好油后，他又坐上了飞机。

10时20分，天气越来越不好，党家庄一带忽然出现大雾，为了寻找航线，飞机只能降低飞行。不料，飞机不慎误撞开山山顶，机身起火，坠落到山脚下。等村民们赶来，两位飞机师早已被烧得不成人样，而徐志摩的皮肤有一部分也被灼伤，额头撞开一个大洞，门牙亦已脱尽，几乎毫无生还可能。

当时的《新闻报》是这样报道的："该机于上午十时十分飞抵徐州，十时二十分继续北行，是时天气甚佳。想不到该机飞抵济南五十里党家村附近，忽遇漫天大雾，进退俱属不能，致触山顶倾覆，机身着火，机油四溢，遂熊熊，不能遏止。飞机师王贯一、梁壁堂及乘客徐志摩，遂同时遇难。死者三人皆三十六，亦奇事也。"

徐志摩去世那晚，张幼仪在朋友家中打麻将，回到家已经很晚。等她刚迷迷糊糊睡着时，听到了一阵敲门声。那时，已经是深夜一点多，用人告诉她，一位来自中国银行的先生想见她，那人手里拿着一份电报。

张幼仪起床来到客厅，请那位先生进来。等她看到电报的时候，险些晕过去。上面简短地写着，徐志摩乘坐的飞机在途中坠毁。

等张幼仪回过神来，呆呆地问："我们怎么办？"银行的人说："我去过陆小曼的家，可是陆小曼不收这电报，她说徐志摩的死讯不是真的，她拒绝认领他的尸体。"

都说相爱的人心有灵犀，徐志摩去世前，陆小曼应该有所预知。事实上，确实如此。据陆小曼的表妹吴锦回忆，陆小曼跟她多次讲过当时奇怪的事。徐志摩坠机那天的中午，家中客堂上悬挂的徐志摩的照片镜框突然掉了下来，相架摔坏，玻璃碎片散落在了徐志摩的照片上。陆小曼当时预感不祥，但一直不住地自我安慰，心跳越来越快。

第七章 得失·以另一种方式回归

谁知第二天一早，徐志摩坠亡的消息传来。银行的人去徐志摩家，陆小曼站在烟雾缭绕的门内，死活不相信徐志摩已死，她拒绝接收这份电报，也拒绝去认领徐志摩的尸体。

张幼仪曾一度无法原谅陆小曼。若不是陆小曼奢侈无度，吸食鸦片，以徐志摩殷实的家境，他不会为钱而疲于奔命。在徐志摩死去前一天，他还在赚钱，他带着一位朋友去看另外一位朋友要出售的房子，希望作为中间人，能从中赚取一点佣金。

可即使这样，他还是连陆小曼的化妆品和生活用品也买不齐全。徐志摩曾写信给陆小曼说，自己"穷得寸步难移"，当徐志摩下定决心去北平时，陆小曼执意不跟着去，就是因为鸦片在上海更容易买到。徐志摩的痛苦，身为好友的胡适全部看在眼里，他劝徐志摩说，如果不能达成共识，不如离婚。徐志摩不肯，他终是不愿意放弃陆小曼。

迫于生活的压力，徐志摩逐渐学会吸烟。生活重担压得他喘不过气来的时候，林徽因出现了。他此次迫不及待地去北平，是为了参加林徽因的一场建筑艺术演讲会。

张幼仪与徐志摩已离婚，按理是没有任何资格和身份去认领的。不过，阿欢身为徐志摩的儿子，他完全够资格。可是，认领完尸体呢？谁来安排徐志摩的后事？

她不想见到陆小曼，自己又没办法处理徐志摩的后事。她打电话给八弟，让他带阿欢到出事的现场。问题一个接着一个，她不知道如何跟徐申如说这件事。他已年老，根本无法承受这样的打击，她不敢直接告诉他这个噩耗。

吃早饭的时候，张幼仪装作若无其事地说："有架飞机出事了，志摩也在飞机上。"徐申如立即问："志摩受伤了吗？"张幼仪强压着心中的痛，柔声说："大概正在医院里抢救吧，具体情况我也不太清楚。"

张幼仪眼睛躲避着徐申如关切的眼神，她不敢抬头看向那眼眶周围满是细纹的眼睛，她会崩溃的。幸好，徐申如没有太过激动，只连声催促张幼仪代替他去看看，回来将病情告诉他就好。第二天，徐申如再次打听徐志摩的情况，张幼仪没有说出实情"他们正在想办法，可是我不晓得他们能怎么样"，说完便支支吾吾地将话题岔了过去。直到第三天徐申如再次问起，张幼仪知道再也瞒不住了。她哭着说："没指望了，他去了。"

那一刻，徐申如脸上的表情极为复杂，哀痛有之，难过有之，悔恨亦有之，张幼仪看不透。经历过战争，又活到一把年纪的老人，到底是见过世面。他别过脸去，只说了一句："好吧，那就算了吧。"说完便转身回了房间，一步一顿，张幼仪不敢上去扶，只能在后面默默地注视着，依旧伟岸的身躯，依旧挺拔的腰板，唯一不同的是那极力克制的细小的抽动，这一丝丝一点点暴露了这个刚送走黑发人的内心。不一会儿屋里传来低声压抑的抽泣声，而后抽泣声再也压制不住，便转成了失声痛哭，那样一个饱经风霜的老者，与儿子反目成仇，在送走了妻子之后，又送走了唯一的儿子。也许那时的徐父是悔的，后悔当初没再见儿子一面；也许是恨的，恨当初自己为什么要同意让陆小曼嫁进来；也许……终究没有也许了，斯人已逝，往事如烟。徒留徐父一人守着只剩下自己的家过活。

拒绝认领尸体的陆小曼，不肯接受徐志摩仙逝的事实，当时她反应过来后，一下子昏厥了。醒来后，陆小曼号啕大哭，哭到再也流不出泪来。据郁达夫描述，他说："悲哀的最大表示，是自然的目瞪口呆，僵若木鸡的那一种样子，这我在陆小曼夫人当初接到徐志摩凶耗的时候曾经亲眼见到过。其次是扶棺一哭，这我在万国殡仪馆中，当日来吊的许多徐志摩的亲友之间曾经看到过。陆小曼清醒后，便坚持要去山东党家庄接徐志摩的遗体，被朋友们和家里人死命劝住了。最后决定派徐志摩的儿子徐积锴去山东接回。"

郁达夫的妻子王映霞，在自己的自传里也描述了当时的情形："下午，我换上素色的旗袍，与郁达夫一起去看望陆小曼，陆小曼穿一身黑色的丧服，头上包了一方黑纱，十分疲劳，万分悲伤地半躺在长沙发上。见到我们，挥挥右手，就算是招呼了，我们也没有什么话好说，在这场合，说什么安慰的话都是徒劳的。沉默，一阵长时间的沉默。陆小曼蓬头散发，大概连脸都没有洗，似乎一下老了好几个年头。"

"悄悄的我走了，正如我悄悄的来；我挥一挥衣袖，不带走一片云彩。"这首著名的诗，算是诗谶吗？他在早期，就预言了自己的一生。

血染黄沙，魂归止兮。纵然是七海连天也会干涸枯竭，纵然是云荒万里也会分崩离析。这世间的种种生离死别，来了又去犹如潮汐。没了，就什么都没了。如梦一般，醒了就走了。

4.非同一般的惊人举动

女人应该活出自己应有的姿态，或浪漫可人，或活泼可爱，或低调有内涵。如果活得人云亦云，最终也将失去自己。韶华易逝，容颜易老，唯有一颗坚定爱自己的心，才能撑起自己的整个人生。

当张幼仪的八弟和阿欢到达济南时，徐志摩的朋友也到了。他们有沈从文、梁思成、张奚若、金岳霖等。那段时间战争已经打响，不定什么时候会出现中国军队与日本军队，将徐志摩的尸体运回硖石老家十分困难。无奈，只能将徐志摩的尸体安放在济南城的一个庙里，并在济南举办了丧礼。

徐申如为徐志摩作了一副挽联：考史诗所载，沉湘捉月，文人横死，各有伤心，尔本超然，岂期邂逅罡风，亦遭惨劫？自襁褓以来，求学从师，夫妇保持，最怜独子，母今逝矣，忍使凄凉老父，重赋招魂？

张幼仪此时心疼如绞，没心思写挽联。于是，二哥的朋友替她写了一副：万里快鹏飞，独憾翳云遂失路。一朝惊鹤化，我怜弱息去招魂。

不管如何惋惜，逝者已去，只能让他好好地安息。葬礼结束半年后，中国银行安排了一节火车，将徐志摩的遗体运回了上海，然后送到硖石老家。

张幼仪本不打算参加上海的公祭，她不知道该如何面对，也不知该说些什么。但朋友的一个电话还是将她叫了过去，朋友在电话里什么也没说，只说了句"你一定要来一趟！"。于是，张幼仪只能强打起精神，身穿黑色的旗袍，参加了徐志摩在硖石的葬礼。曾经那张冷漠的脸，今天再也没有了温度。她对着棺材深深地三鞠躬，向他做最后的道别。这时，刚才打过电话的那位朋友过来告诉张幼仪，陆小曼要把徐志摩身上的寿衣换成西装，就连中式的棺材，她也想换成西式的。

张幼仪怒不可遏。人死为重，死者为大。徐志摩的尸体从不远千里运回来已经实属不易，现在还要换掉身上的衣服和棺材，如何让逝者安息？难道不应该让他安静地离开吗？为了让徐志摩获得最好的清静，她不愿意与陆小曼争吵。她告诉身边的人说："你只要告诉陆小曼，说我说的不行就好了。"说完，张幼仪匆匆离开。

徐志摩遗体运回来时，还带回了现场唯一的一件遗物，一幅山水画长卷。1931年春天，陆小曼创作了这幅画卷，是她的早期作品。风格清丽、秀润天成。更让此画卷珍贵的是它的题跋。一共有邓以蛰、胡适、杨铨、贺天键、梁鼎铭、陈蝶野等人手笔。徐志摩把这幅画带在身上，准备到北平后再请人加题。那幅画放在铁标箧中，所以没被损害。

第七章　得失·以另一种方式回归

　　睹物思人。看到这幅画，徐志摩种种的好涌上心头。从此，陆小曼一直珍藏着这幅画。徐志摩死后，她不再出去交际，整日跟翁端午在烟榻上抽鸦片。徐志摩去世一个多月后，陆小曼写了《哭摩》，她心中的悲痛真实地表达了出来：

　　我深信世界上怕没有可以描写得出我现在心中如何悲痛的一支笔。不要说我自己这支轻易也不能动的一支。可是除此我更无可以泄我满怀伤怨的心的机会了，我希望摩的灵魂也来帮我一帮，苍天给我这一霹雳直打得我满身麻木得连哭都哭不出来，混（浑）身只是一阵阵的麻木。几日的昏沉直到今天才醒过来，知道你是真的与我永别了。摩！满说是你，就怕是苍天也不能知道我现在心中是如何的疼痛，如何的悲伤！从前听人说起"心痛"我老笑他们虚伪，我想人的心怎么觉得痛，这不过说说好玩而已，谁知道我今天才真的尝着这一阵阵心中绞痛似的味儿了。你知道么？曾记得当初我只要稍有不适即有你声声在旁慰问，咳，如今我即使是痛死也再没有你来低声下气的慰问了。摩，你是不是真的忍心永远的抛弃我了么？你从前不是说你我最后的呼吸也须要连在一起才不负你我相爱之情么？你为什么不早些告诉我是要飞去呢？直到如今我还是不信你真的是飞了，我还是在这儿天天盼着你回来陪我呢，你快点将未了的事情办一下，来同我一同去到云外优游去吧，你不要一个人在外逍遥，忘记了闺中还有我等着呢！

在硖石的追悼会上，因徐申如的阻止，她没能来参加。不过，作为徐志摩的妻子，她还是送了一副挽联：

多少前尘成噩梦，五载哀欢，匆匆永诀，天道复奚论，欲死未能因母老；万千别恨向谁言，一身愁病，绵绵离魂，人间应不久，遗文编就答君心。

唯有张幼仪，一直默默地在徐志摩身边。算不上是一种爱情，也算不上是责任，她只知道这是她该做的事。徐志摩死后，徐申如每个月给陆小曼三百元钱。徐申如去世后，这笔钱就一直由张幼仪来汇。明明是她的善意，但对外她却说成是因为她是阿欢的继母，应该帮助儿子完成供养她的责任。

张幼仪一生为他人着想，尽量让他人保持尊严。就像她曾经给徐志摩钱时，会说："这是你父亲的钱。"这时她给陆小曼钱，会说："这是阿欢给的。"直到翁端午找上门，说他的财产足够养得起陆小曼时，她才停止了汇款。

在徐志摩的传记里，张幼仪部分只有薄薄的几页。可在张幼仪的生命中，徐志摩却占据了她大半辈子的人生。如果徐志摩后来还活着，她与他的故事一定没完。可是，徐志摩去了，

第七章　得失·以另一种方式回归

去得毫无痕迹。唯一能留下来的，只有他曾经写下的只言片语，以及满满的回忆。

徐志摩赠陆小曼新婚礼物《猛虎集》序文中写道："诗人也是一种痴鸟，他把他的柔软的心窝紧抵着蔷薇的花刺，口里不住地唱着星月的光辉与人类的希望，非到他的心血滴出来把白花染成大红他不住口。他的痛苦与快乐是浑成的一片。"

人不能守着回忆过一辈子，再深的感情也会随着时间的流逝而淡忘。多年以后，年华已老，当故事里的人翻开《猛虎集》，看到徐志摩为爱情写下的文字，只留下一声叹息。

张幼仪从嫁给徐志摩的第一天起，就知道他是一个有风格，有个性的人。他对她态度冷漠，她尽力讨好。她以为这样就能唤回他的心，后来才知道越讨好，就越面目可憎。

梁实秋曾经这样描述徐志摩："他饮酒，酒量不洪适可而止；他豁拳，出手敏捷而不咄咄逼人；他偶尔打麻将，出牌不假思索，挥洒自如，淡笑自若；他喜欢戏谑，从不出口伤人；他饮宴应酬，从不冷落任谁一个。"

一个待亲待友如此完美的男子，却从不待见自己的妻子。心胸是委屈撑大的，格局是成绩做出来的。张幼仪在被婚姻的折磨中，一步步完成了自己的蜕变。

一无所有，一无所惧：张幼仪传

她为徐志摩付出，外人看来，是她对徐志摩的一片痴心。可徐志摩仙逝后，她还愿意帮助陆小曼，就不得不佩服张幼仪的为人了。这个举动，一点不比她身为女子在商业里叱咤风云更让人吃惊。

那时，她出任上海女子商业银行的副总裁，是云裳时装公司的老板。她在股市里赚钱，炒作棉花和黄金，帮助银行渡过一个又一个难关，引领着当时整个上海滩的女性独立的潮流。

一个人一生的时间并不长，她把徐志摩用半生的时间留在自己的生命中。她一直为自己没有读过太多书而耿耿于怀，但是当她与徐志摩成为朋友后，她也说，如果早些年是这个样子该有多好。

生命无常，越是美好的事物，就越是短暂。当她经历了亲人一次又一次生死离别之后，她越来越低调，越来越平凡。

别人形容她的一生，是强大与能干，值得尊重的女人。可在她看来，自己不过是一把招之即来挥之即去的"扇子"，有人说"我们喜欢那些振奋人心的逆袭故事，可又有多少人能在真正糟糕的命运里，完成华丽的转身，活出了自己的精彩"。张幼仪就是那个特例。

聪明如她，在这段婚姻里早就看透了人世间的悲与凉。像她去女子商业银行出任副总裁，不也正是如此吗？她是被"利用"的，一个能把银行发展起来的"工具"而已。一个人的一生，永远都在做"扇子"。有价值人们就拿你纳凉，驱赶蚊子，无用则会丢弃。

爱情也是如此。

真正的爱情是什么？是坚守，是等待，是无所求，是尽一切努力让他过得好。真爱不是相互索取，反而是为他付出。

张幼仪一直这样做，为了徐志摩。

可是，他最终也没给她机会。她没有等到他回心转意，他就去了。徐志摩承诺了张幼仪一纸婚书，到头来除了无尽的回忆和无尽的伤痛，什么也没给她；张幼仪什么都没承诺，却将半生给了他，只是后来的她已经再不计较这些，努力过就不后悔，无愧于心就是最大的收获。

第八章 朝暮·属于自己的珍贵时光

1.当你盛开，清风自来

徐志摩的侄子徐炎说，其实张幼仪嘴上不说，心里是渴望复婚的。她把徐志摩的油画摆放在自己的房间里，把关于他的信息压到写字台的玻璃板下面。她给他钱做生活费，她照顾徐志摩的父母，她把她人生中的第一个男人，当作一辈子的依靠。虽然这个男人从来没看过她一眼。

她离婚以后，身边不是没有男人追求，可是她都拒绝了。表面上，她与四哥有约定，为了保住张家的颜面，她五年内不能跟某个男人同进同出，避免让人认为徐志摩与她离婚是因为她不守妇道。

可是，五年过去以后，身边人追求她时，她还是拒绝了。一直到徐志摩去世多年，她才又接受新的爱情。她严格自律，与多情的徐志摩完全相反。如同两个人的命运，一个颇具才华的诗人仅仅活了36岁，而"平凡无奇"的张幼仪却活到了88岁的高龄。

在爱情和婚姻面前，张幼仪一直非常小心。只要她愿意，她不是没人嫁，只是她坚守着自己的真心，她不想妥协。更何况，她有那么多事要做，之前所经历的心酸和伤痛不是为了再次投入一段不成熟的恋爱关系。

张幼仪靠着自己的力量，一直往前走，将生活过得风生水起。纵使徐志摩溘然长往，她也没有因此而变得颓废不堪。她知道自己可以做得更好，她要一直往前走。

岁月带走了她青春的容颜，但也将阿欢带入了风华正茂的青年。阿欢到了谈婚论嫁的年纪，张幼仪一直想为阿欢定一门好亲事。张幼仪的婚姻是"父母之命，媒妁之言"，因为两人不够了解，最终让她的婚姻失败。她不想阿欢的命运与她一样，她更尊重阿欢自己的想法。

当张幼仪第一次问阿欢喜欢什么样的女子时，阿欢不假思索地说"我只对漂亮姑娘感兴趣"。这样的回答多少让张幼仪有些伤心，这样的阿欢总让她看到了徐志摩的影子，"他为什么这么回答，我不明白。他说这话的时候，我很伤心，因为那让我想起他父亲，我一直觉得他父亲要的，是个比我女性化、又有魅力的女人"。但为了孩子的幸福张幼仪还是托人介绍一

第八章 朝暮·属于自己的珍贵时光

位漂亮的女孩——张梓文。阿欢与张梓文一见钟情，两人也结成了一生的伴侣。

和平，是英雄的坟墓；乱世，是百姓的悲哀，在那个年代，命是不值钱的，法律的存在不过是废纸一张，只有逃离"战场"才是最明智的选择。张家大部分兄弟姐妹都逃走了。张幼仪的二哥去了香港，八弟去了日本，张幼仪最后也带着四妹去了香港。

张幼仪居住在香港时，通过朋友介绍迎来了一位房客，这位房客叫作苏季之。他是一位医生，性情温和，谈吐风雅，老婆弃他和四个孩子而去，成了一个可怜的男人。

张幼仪和苏季之都是被抛弃的人，共同的命运让两个人惺惺相惜。相处越久，爱情的花朵就越开越烈。1953年，苏季之向张幼仪求了婚。此时，张幼仪已经53岁，没有经验的她，完全不知道该怎么办，她害怕，无论是苏季之还是自己，都是离过一次婚的了，如果这次的婚姻还是行不通的，那该怎么办？于是她给二哥、四哥写信，希望听一听他们的意见，她怕他们反对她再婚。

四哥拿不定主意，只回了一句"让我考虑考虑"，就始终没有答复了；二哥则是犹豫不决，先是同意她再婚，之后又说不同意，纠结在三，最后写信说道："不才，三十多年来，对妹孀居守节，课子青灯，未克稍竭绵薄。今老矣，幸未先填沟壑，此名教事，兄安敢妄赞一词？妹慧人，希自决。"哥哥们拿不出主意，张幼仪又想到了自己的儿子阿欢。古时候，女子在家有父亲就听从父亲，无父亲听从兄长；出嫁以后，有丈夫听从丈夫，无丈夫听从儿子。张幼仪只好又给远在美国的阿欢写信，想要寻求他的意见。阿欢很快就回了信，信的内容让她看得泪流满面。阿欢的信是这样写的：

母孀居守节，逾三十年，生我抚我，鞠我育我，劬劳之恩，昊天罔极……综母生平，殊少欢愉。母职已尽，母心宜慰，谁慰母氏？谁伴母氏？母如得人，儿请父事。

阿欢的支持，给了张幼仪巨大的动力。虽然四哥还没有"考虑"清楚，但她已经决定接受苏医生的求婚了。她兜兜转转几十年，终于在中年找到了自己的另一半。

这是张幼仪第一次主动寻找爱情，虽然她不知道这算不算爱情。毕竟，她已经过了谈爱情的年纪。她当下能想的无非是可以为他做什么，能帮助他什么。

1953年8月，张幼仪与苏季之在日本东京举行了婚礼。从此她的后半生终于不再孤独一人。这个港湾让她停靠了二十年，

第八章　朝暮·属于自己的珍贵时光

最后苏季之因肠癌去世。

　　一个女人再坚强，终究需要爱情的滋润。这个爱情可能不再浪漫，没有那么多热情，可这才是平平淡淡的幸福。张幼仪的前半生，经历了太多太多，有失落，有伤心，有痛苦，有难过，有绝望……当她逃避战争来到香港以后，最后才稳定下来。

　　踏过斑驳的岁月，回首那些曾路过的荆棘，过往的一切都成了过去。在时间面前，我们什么也不剩，包括痛苦、快乐和生命。我们以为一辈子都不会忘记的事情，就在我们念念不忘的日子里，被我们遗忘了。那时起，所有的悲伤和伤口都透着回忆的沉香，那是成长的积淀，也是时光的痕迹。张幼仪深谙张爱玲的"因为懂得，所以慈悲"，只是因为之前她没有遇到那个懂得的良人，所以慈悲不在，有的只是懵懂地退避。现在，爱情的大门再次向她敞开，良人也在身旁陪伴，那么剩下的就只有幸福。

　　每个人的一生都是一本书，张幼仪的前半生书写了太多太多。当她重读自己时，才发现往事已经久远，远到不相信曾在自己身上发生过。不过，此时她再也没有悲伤与沉痛，而是带着无限的感慨与朝气。失败怕什么，离婚怕什么，失去过又怕什么，她在经历了一切苦难之后，终于迎来了今后的幸福生活。此后的生活，她只有成功与幸福，这就够了。

2.只有自己最珍贵

曾经有人在形容上海这座灯红酒绿的大都市时，说道："上海这座城市就好像是一个有生命的肌体。从高空俯视，道路犹如动脉般地纵横交织，轻而易举地就将城市分割成若干个小区域。每个小区域之内，又有着建筑与建筑之间形成的小通道。这些小通道密密麻麻地布满了整座城市，像是毛细血管，细小却充满了生机。"

但在这充满生机的城市中，总有不能示人的阴暗晦涩的一面——鸦片。张幼仪一生中，非常痛恨鸦片。鸦片能麻痹人的神经，一旦吸食便不容易戒掉。鸦片毁了许多家庭，也残害了无数中国人的性命。在张幼仪身边最直接的悲剧体现就是徐志摩，陆小曼吸食鸦片，让徐志摩成了一个疲于奔命的人，最后间接造成了徐志摩的英年早逝。

但对于那些沉湎于吸食鸦片的人来说，鸦片带给他们的是无边的幸福的幻觉，只要吸上一口，全身的每一个毛孔都得到了舒展，身上的病痛也会一扫而光。

14岁的时候，张幼仪曾与两岁的四妹同家人一起去杭州度假。家人在湖边钓了一些鱼，也捞了许多虾。他们在虾上浇了热油，直接吃起来。可能因为虾没有处理干净，也可能因为水土不服，两个女孩子双双闹起了肚子。

张幼仪与四妹发起了高烧，胃部一阵一阵抽痛。当大夫的父亲说，她们得了伤寒，鸦片可以镇痛。

父亲给四妹吃鸦片，四妹很快不再哭闹。当父亲要给张幼仪吃鸦片时，她宁可胃痛也不想用鸦片来缓解疼痛。她知道鸦片会上瘾，也知道上瘾后的后果。后来她发现，每次父亲给四妹吃鸦片，她就不会再哭闹；不给她吃，就会哭闹不止。好在四妹年纪小，过了伤寒的病情后父亲便勒令再不给她吃，不然后果不堪设想。

与其说张幼仪无比爱惜自己，不如说她还有着一颗坚韧的心。她知道苦难是短暂的，只要扛过去就会没事，而对"鸦片"这种"精神食粮"的依赖却是长期的，一旦享受到便再也甩不掉，终会害人害己。

老年的张幼仪喜欢打麻将、与朋友聊天，这似乎成了她生活的全部，就连她的儿媳都是打麻将时，托人介绍的。

张幼仪结婚，嫁给苏季之医生，他有三个女儿和一个儿子，都是十几岁的孩子。婚后，他们同张幼仪一起生活。来之不易的幸福生活，张幼仪一直很珍惜。同时，也珍惜苏医生的几个孩子，她待他们如亲生骨肉一般。

她刚刚结婚时，便发现几个孩子的举动有些不对劲，他们每次吃饭速度很快，草草吃完马上离开饭桌。她不知道这是什么原因，等她问清楚以后才明白，原来之前常年单身的苏医生有一个习惯，每次吃饭时会喝一点酒。喝完酒之后，便会情绪失控与孩子争吵。

久而久之，孩子们摸到了这条规律，所以坚决不在饭桌旁多待一秒。

张幼仪了解情况后，苦口婆心劝说苏医生戒酒，让孩子们多在饭桌上待一会儿，让这个家庭多一点温情。苏医生很听话，从那以后滴酒不沾，孩子们在饭桌上再也不逃避他了。

张幼仪和苏医生的生活极为平静。苏医生很尊重她，同她一起聊天，探讨问题。苏医生想考香港医生执照，张幼仪就

第八章　朝暮·属于自己的珍贵时光

陪着他熬夜，陪他一起读那厚厚的书籍。他们在香港和九龙各开了一家诊所，两个人合作，她负责预约和登记，他则负责坐诊。夫妻俩一唱一和，幸福美满。

与张幼仪相识前，苏医生大部分时间生活在日本，很少去西方国家旅行。工作之余，张幼仪决定与他一同旅行，与他一起重温她曾经在国外的岁月。

他们去了康桥，去了沙士顿居住的小屋，还去了柏林。往事一幕又一幕浮现眼前。徐志摩、彼得、朵拉，她远远地站在外面，仿佛可以听到房间里传出来的欢声笑语，彼得的哭声，徐志摩翻书的声音，他与人交流的声音……

在将这些过去重走一遍后，张幼仪忽然决定她要让她的孙儿们知道徐志摩。其实这个也不难了解，且不说远的，就连身为徐志摩儿子的徐积锴，他对自己父亲的了解也只有零星的一点，就那还是从书上或是家里人无意透露的线索才知道的。于是，张幼仪便找了一位学者，将徐志摩的全部著作编成了一套文集。然后由徐积锴带着去台湾见梁实秋，他也是和徐志摩一起在《新月》月刊工作的同事，让他帮忙参考。张幼仪没有什么想法，只希望能给她的儿子和孙子，留一些与他的父亲、祖父有关的东西。

一无所有，一无所惧：张幼仪传

她不是什么大善人，也不是什么菩萨，她只是尽了自己该做的事情。她恨过徐志摩，也恨过自己，但是最后的现实告诉了她，真正的错误是传统的教育和观念，正是这些难以更改的错误造就了她这一生的不幸。其实徐志摩最后的残忍，相比于他之前所做的，反而对张幼仪来说成了一种解救。也许不是所有的好姑娘都能拥有好的婚姻，但至少要拥有一个能从不愉快婚姻中解脱的主动权。

孤独了半生，终于在晚年时，老天赐予她一段美好的姻缘。她想起了朵拉，如果她还活着，或许她如今也找到了自己的幸福。

后来，苏医生因肠癌先走一步，她把他安葬在香港，之后去了美国，陪伴在儿孙身边。她与苏医生二十年的婚姻生活，终于体会到了做妻子的滋味。不过，她还是不愿意用"爱"来表达与苏医生这段感情。她在自己的墓碑上，冠以"苏"姓，用行动证明了这段爱情。

每个懵懂的女子，总盼望遇见个如玉般的男子，雨夜里他频频为她添香。青涩的男子，总希望有个投缘的女子，更深露珠的月色中她悄悄为他添茶。最后的结果却往往不尽如人意。但这并不是时间的残忍，只是美与真之间若只能二选一的话，留下的总是真。我们说不出细水长流的爱情更真挚还是轰轰烈烈的爱情更动人，好的爱情是你在他面前能做最真实的自己，真实的爱情才是好的爱情。

张幼仪的爱从来不是诗人笔下的"爱"，她没有那么浓烈，那么激昂，那么热切，她只是用行动对爱做了最好的诠释。她把这种爱做到生活中的每一处，一直持续到生命中最后一刻。

苏医生去世，张幼仪更加爱惜自己。在美国时，她每天保持着规律的生活，七点起床，做广播体操，然后吃一碗麦片粥，或是吃一颗鸡蛋。她饮食量并不多，只是为了保持基本的营养。当然，她还会吃维生素和啤酒酵母。

张幼仪喜欢看报，上她公寓里提供的课程。她还学习德文，学习钩针编织，戏称这些课程是给老年人上的。她一直保持打麻将的习惯，不过规定自己每年输赢不能超过二百美金。

经历了严冬，才懂得春天的温暖，经历了失去，才懂得拥有的可贵，经历了苦难，才知道幸福的难得。张幼仪是一个活透了的人，她生前从没在任何人面前提过那个带给了她半生绝望的他，更没在任何人面前编排过他的薄情寡凉。就连自己亲兄弟的孙女也是从别人处听来的，原来自己的姑婆是当年的那个"离婚第一人"。张幼仪独自挑起了自己的一生，学会了笑看未来和当下。莫欺少年穷，也莫笑女子早年丑，她们既然接下岁月砸向她们的令人棘手的石块，自然也能受住岁月为他们披上的最美的妆容。也许我们都曾不堪一击，但最终我们都将刀枪不入。

3.平凡的奇迹

民国是一个特殊的历史缝隙，只有短短三十八年的历史，甚至从头至尾都在战乱的泥潭中苦苦挣扎，越陷越深。七尺男儿，未沦为炮灰就已实属幸运；身为女人，生存的空间更是窄狭，生活的难度可想而知。然而令人惊奇的是，这个时期的女性为了展现自我生命的价值，她们不遗余力，在自己有限的生命中尽情绽放。在这个年代中出现了太多美丽的女人，张幼仪与她们相比，实在算不得惊天动地，可以说平平淡淡。如果没有徐志摩，她甚至不会被历史挖掘出来。如同每一个平凡的我们。

第八章　朝暮·属于自己的珍贵时光

可是，在历史的一角，张幼仪最值得人们学习。她坚强、勇敢、自尊、自立、宽容、自强、自爱，并用实际行动创立了男人无法企及的事业高度。

她从不张扬自己的事情，当张幼仪八弟的孙女张邦梅在哈佛大学时，无意中发现奶奶就是徐志摩的原配夫人，这才让张幼仪的故事浮出水面。晚年，她一直沉默，从不向别人透露陈年往事。可是，她的故事又与其他女人不同，她从不幸中寻找自我的经历，值得女性学习。

婚姻首先是责任，是一种契约关系、社会伦理，而不是一种感情。许多女人，都被这种关系、这种观念绑定了一生，包括前半生的张幼仪。但相比起其他女子，张幼仪又是略带幸运的。至少她逃了出来，也站了起来。徐家的二老支持她，甚至将徐家的一些家产都给了她；她有了自己的事业，成了新时代女人的代表。浴火重生后，她蜕变成美丽的凤凰，独立地骄傲地走了。

现代文学史专家陈子善先生这样评价张幼仪："张幼仪的一生，展示了一个女性成长的过程，她从传统到现代之间的困惑、选择的过程展示得比较清楚。"

她的花开与凋零，都是低调的，她不需要对外喧哗，只要完成对自己的滋养即可。也许，她没有美丽的容貌，曼妙的身姿，也没有耀人的学识，越人的才能。但是经过岁月的沉淀，我们不难看出她眼中所体现的从容和对世间世事的包容，一个女人往往最后重要的不是容貌而是气质。从徐志摩遇难后，张幼仪就揽过他未尽的责任：服侍他的双亲、抚养年幼的儿子，管理徐家的产业，甚至寄钱接济徐志摩后来的妻子陆小曼。到了晚年，张幼仪依然以徐家和徐志摩为念，帮徐志摩出作品全集，所有的一切都亲力亲为。这不是随随便便一个女人就能做到的。

虽然，张幼仪不承认陆小曼爱徐志摩（拒绝认领尸体），但徐志摩死后，陆小曼再不去社交，也不再化妆，而是素面朝天为丈夫守节，不能不说是一种爱的领悟。每个人都需要成长，只是那一刻来临的时候，太过残忍和现实。

张幼仪这样的女子，生来就是让人尊敬的，亲近却是极难的。性格决定命运，或许张幼仪无法成为陆小曼、林徽因、唐瑛那样的女人。但她凭借自己的实力与事业的高度，在历史的边缘书写出一番惊天动地的传奇。世人常说她为人大度，毫不计较地帮徐志摩照顾父母，帮徐志摩出全集。其实她又何尝不计较，一个不计较的女子，又怎能在离婚多年后，仍孑然一身。她不过是不与外人计较，离了婚那徐志摩于自己就是外人，又有谁会将脾气发在一个毫无关系的外人身上呢？但是，离婚离的是心、是人，责任却没有离。她只同自己计较，她思想里那执拗的意念刀量，强大到有时让张幼仪自己都佩服自己，那些人生中最沉重的伤痛，一次次幻化成意念的力量，到最后终于成就了她的华丽逆转。而这一切，只不过是她不愿意徒有虚名，她要用成绩过实实在在的人生。

1947年，阿欢和妻子去了美国，之后一直住在美国。苏医生去世后，她搬到了儿子附近。她有四个孙子，还有一个曾孙。她担心与儿媳相处不好，自己一个人住。她说："起先我很担心我儿媳妇，那个时候我们住在一起。我不希望她在婚姻方面遇到和我一样的麻烦，所以供她同时上英、法、德、中等国学的文学课程。这么一来，她不只能够满足阿欢的审美眼光，也能满足他的知识品位。"

婚姻的失败，直到晚年她都没办法放下，她极怕别人走她的老路，好在事实证明，张幼仪的担心是多余的，阿欢和张粹文一直相处得极好。

世事就是这么无常，父母眼中的好儿媳，却不是徐志摩眼中的好爱人。陆小曼这种有才情的女子，追求起来很困难，他却甘之如饴。情不知所起，一往而深，也许真是容易得到的，最不长久。她最介意的事情，恰恰是她生命里最该忘记的一笔。她明明可以细数自己的成功，却偏偏无法释怀曾经犯下的"错"。可也正因为这样，她才不那么惊天动地吧。因为，成绩在她眼里，不如"失败的婚姻"更为看重。她的一生是"不三不四"的，也是"七上八下"的。她没有缠裹脚，却始终被困在封建的意识中难以挣脱；她是学过一点知识的，却始终没有赶上时代的潮流，在其中辗转蛰伏。她是一个半新半旧的妇女，对于旧式的尊重，只因为那深入骨髓的"孝道"，她有父有母，甚至还有徐家的徐父徐母，她做不到舍弃全部只为了成全自己；对于新式的追求，只因为她从小接触的星星点点的知识，她知道女子不应该受到不公平的对待，但她不知道该如何去做，也不知道是否该由自己做。直到离婚将其逼上了绝境，她才下定决心要改变自己。

也正因为这样，她一直努力学习，不断地让自己变得越来越好。她的人生俨然已构成一部厚重的书，值得每个人包括她自己去细细地品味、咀嚼。

4.成为被人尊敬的女子

人的一生短短几十年，如果满打满算地按长命百岁来算，除去幼年懵懂时期与老年蹒跚岁月，然后再除去每天的睡眠时间，真正可利用来创造价值与享受生命的时间也就那么三四十年。从这里便可看出生命是异常宝贵的，在短暂有限的生命里珍惜能够珍惜的时间，创作出最大的价值，方才不负上天赐予你的这条生命。

漫漫人生路，没有挫折的日子是枯燥的，没有低潮的日子是贫乏的，如影随形的孤独与寂寞是最好的伙伴。总有被人误解的时候，总有寄人篱下的时候，总有遭人诽谤与暗算的时候。但那又算得了什么，潮涨潮落、月生月落，只要你能够耐心等待，受得了折磨，守得住底线，一切都会证明，生活必不会抛弃你，命运必不会舍弃你。

张幼仪把自己的人生分为两部分，"去德国前"和"去德国后"。去德国前，她什么都怕，怕做错事、怕给张家丢脸、怕得不到徐志摩的爱、怕离婚，所以她委曲求全，所以她每次都受到伤害；去德国后，她与徐志摩离婚，小儿子死在他乡，

一无所有，一无所惧：张幼仪传

一生中最晦暗的时光笼罩着她。伤痛让她明白，人要靠自己，靠别人得不到美好的未来。她仿佛一夜之间长大，从一个不堪一击的女人，成长为铿锵玫瑰。人生规划不来，只能一步步地走出来，就算经历再大的风雨，她也能活出属于自己的精彩，沉默地度过未来的日子。

你最爱的人，伤你最深；伤你最深的人，才是你的最爱。二者何为正解？没有，也许爱与伤害从来都是相伴而生。在徐志摩的人生和传记中，她是一个惨淡的女人，被抛弃后"灰溜溜"地消失不见了。但在她自己的后半生中，却无比精彩。她无畏别人的眼光，永远在做自己。虽然，她也顺其自然，但不是因为无能为力。她随遇而安，但不是心有所恃。她诚心诚意、中规中矩地度过每一天，面对每一个人。

张幼仪出生在一个女性不被重视的年代，她虽然情场失意，但却成了人生最大的赢家。那时的女人，大多靠着男人过活，男人是天，是地，是一切。没了男人，女人也因此失去了生存的能力。张幼仪失去徐志摩后，无论如何依然坚持要养活自己。她生命中的养分，除了苦难和经历还有书本。她这片土地曾经贫瘠过，但她用书本滋养着这片土地，最终变成了肥沃的土壤，让她开出了花朵，结出了果实。同时也让她成长为品

第八章　朝暮·属于自己的珍贵时光

德和智慧高尚的女人，让她懂得去珍惜和尊重，也懂得付出，懂得享受人间岁月静好。也许她"迁"，但她绝不"愚"，这样的她，比那些新时代滋生下的新式女性更具"英气"，也比那些旧时代圈养下的旧式女性更具"豪气"。

心中的宁静不是别人给的，而是自己修炼的。莲花出淤泥而不染，没有淤泥的脏，也无法衬托出莲花的纯洁。张幼仪用宽容和原谅的态度，将自己活成了一个胸怀极大的女人。

都说："男女间那档子事儿大抵如此，一个百般折磨，一个甘愿痴缠。"他们也是这样，徐志摩一生追求爱情，张幼仪则追求脚踏实地的生活。他们交会后，彼此没有共同语言，分手是必然的结局，她给不了徐志摩浪漫的爱情。只是，爱情终究虚幻，他最后为爱情变成一捧黄土；张幼仪失去了爱情，反而赢得了人生。

在她女性温柔的外表下，藏着一颗商人的心。三十年代的上海，她八面威风、身价不菲，极具天赋的商业头脑和刻苦努力的学习，使她登上了人生的巅峰。

她帮助徐志摩的家人，直到徐志摩仙逝以后，还用血缘至亲的借口帮助他身边的人。她以寡妇自居几十年，在她潜意识里，她一直是徐家的媳妇，她从未离开过徐家。就像她曾经暗暗发过的誓，但是，她离婚后在精神上始终保持着独立，她不把徐家当成依靠。

几十年的时光一晃而过，她的人生也发生了巨大的转变。就连她自己也不会想到，她还会重遇爱情。

在这段爱情中，她不再铜墙铁壁，变成了一个温柔的女人，也尝到了做妻子的滋味。她孤独了大半生，上天终于让她一生圆满。

此后，她的生活平静而有规律，精神上保持着愉悦。

晚年的张幼仪饱受支气管炎的折磨，大多时候都是孙女安琪拉不眠不休地照顾着她。由于病痛的折磨，原本就不强壮的身形，变得更加瘦小。每次吃饭的时候，总是让亲友强逼着才能勉强吃下半碗饭，就连吃药都要花费她极大的力气才能吃下去。1988年1月20日，八弟张禹九的孙女张邦梅为张幼仪穿好睡衣时，张幼仪强撑着用最大的声音说道："你晓得，我真高兴你在这儿。"然后便缓缓合上了双眼进入了梦乡，再也没睁开过。

参加她葬礼的亲朋好友足足有二百多位。除了她的家人，还包括她的邻居，以及一同打麻将的伙伴。整个葬礼并不显得凝重与悲哀，反而带着一丝朝气。如同她的人生，苦难是成长，是成功。如今，去世，反而是一种解脱，是一种更大的自在。

否极泰来，是她人生最真实的写照。当一个女人一无所有时，才会一无所惧。她也曾站在人来人往的街头迷茫四顾，街上车水马龙，商销集市林立，但没有一个是她的家。无家可归、有家不能归是她最无奈的现实。"蔓草丛生，细雨如粉，鹧鸪幽啼。我将迁徙，卜居森林小丘之陬，静等那足够我爱的人物的到来。"当半个世纪过去，韶华已逝，曾经期望的爱情却又悄然降临。"惊喜"抑或是"惊吓"，生活总是没有放过这个可怜的女人。恍然一梦，梦醒人世早已过了半百，原来人的一生竟是这么地短暂，心存仁恕，也许是最好的解脱。放下执念的那一刻，终得成全的是我们自己，她在最难的那些年，让自己的人生变得壮阔。

她静默地身处世界的边缘，冷眼旁观着尘世儿女的沉沦，她经历得太多了，多得看开了一切。遇到徐志摩是张幼仪的不幸，又是不幸中的万幸。不幸，这样一个贤妻良母的女子，会遇到一个丈夫，或许他爱她，等到盛夏致使两人坐在庭院的躺椅上，摇着蒲扇，回忆往昔；或许他依旧不爱她，但至少敬重她，不会让她遇到这样的千波万折。万幸，如果没有徐志摩的逼迫，世上就少了一个女性独立的代表，张幼仪她是有能力的，名利双收，儿孙绕膝。从最初到最后，她在血淋淋的伤口处开出了艳丽无比的花朵，这是她的能力，也是他的成全。

人生活一辈子，不仅要成功，还要看透。红尘可笑，痴情无聊，人生如梦，如今梦醒来有什么可以记得的。爱与恨，情与仇，成功与失败，都空掉吧。

梁实秋在《谈徐志摩》一文中曾评价过张幼仪"她沉默地、坚强地过她的岁月，她尽了她的责任，对丈夫的责任，对夫家的责任，对儿子的责任——凡是尽了责任的人，都值得尊重"。这或许是最贴切的评论了，既不抬高，也不贬低，她就是新旧时代交接下苦苦挣扎的女子，她独特，因为她的痛苦；她平凡，也是因为她的痛苦。但这一切，不过是一段经历，它属于过去，属于重生前的张幼仪。从那以后的张幼仪始终乐观积极，她相信活着就是最大的事。秉持着这样的心态，即便她离开的时候，也是笑着离开的。转身后无论遇到谁，都能对酒当歌，把酒言欢。至于红尘往事，留给后人细细品味。

后记

晚年时，张幼仪收获了大圆满，而陆小曼晚年凄凉，贫困潦倒。如此一比较，发现每个人的一生都差不太多。

六祖说："佛法在世间，不离世间觉，离世觅菩提，恰如求兔角。"

有人问过佛，世尊为什么要在这个脏兮兮的娑婆世界成佛？佛说，你看到娑婆世界的脏，只是看到了其中一面，它还有另外一面，与西方极乐世界及一切净土一样的光明清净。一切佛在成佛以前，必须要来这里成佛，在其他世界不易成佛。

因为其他世界太舒服了，纯乐无苦，没有痛苦的刺激，人就不会有厌离心，所以一切众生要想成佛的话，就必须到这个世界来。

善恶参半，苦乐参半，而且痛苦多于快乐，这才是人生，也是每个人的人生。没有经历苦难，就没有日后的成长与看透。张幼仪之所以低调，便是知道没有人是永远的赢家。

既然苦难是每个人必须经历的劫，张幼仪的一生可以成为每个人的精神支柱。当自己遇到感情的挫折，生活的苦难，事业的不顺，翻开张幼仪，便知道没有过不去的坎，没有放不下的情，只要坚持咬牙挺过去，未来人人能收获圆满的一生。

一开始，张幼仪也没这么理性。她不明白自己为什么没裹脚还是被徐志摩嫌弃；宽宏大量地容许徐志摩纳妾却换来离婚的结局；口口声声说爱徐志摩的女人只懂得一味地索取……

如同我们每一个人，有太多解不开的问题。但是张幼仪告诉我们，时间是最好的答案。终有一天，时间会解决所有的问题。不过，还要给时间加一味药，便是读书与学习。没有强大的进取心，只懂得潦草度日的人，还是没办法解答人生的问题。

在那个年代，张幼仪的传统思想是被嘲笑的对象，是被徐志摩看不起的思想。可正是这种传统，让她尽到了义务，完成了她人生中的大责任。如果徐志摩后来还活着，不知道他怎样评价传统。

张幼仪用传统道德做人，用西方思想做事。所以后来梁实秋说她是一个人人敬重的女人。假如，张幼仪以怨报怨，可能

后记

她不会获得人们的尊重。

经历，让张幼仪成为一个心中有大爱，做人有大格局的女人。她的后半生，大获全胜，胜得人人祝福。

命运从来公平，所有吃过的苦，日后都会换来一场大福报。这样一个背负着沉重的爱与责任的女人，不应该被忘记。

张幼仪的一生，是一场心性的修行。在尘事中，慢慢磨掉了边边角角，最终换来了纯乐无苦的人生。